财经
法治

投服中心系列丛书
China Securities Investor Services Center

投资者权益知识读本

2019年

郭文英◎主编

Handbook on Interests and Rights of Investors

法律出版社
LAW PRESS·CHINA

编辑委员会

主　　编：郭文英

副 主 编：黄　勇　刘　磊

执行主编：李国俊

本辑主编：陈陵虹

撰 稿 人（按姓氏笔画排序）：

万玉林　马行原　马领军
王丹阳　石　妍　田立卿
任雪雪　庄芸旖　刘　钊
刘丹岳　闫　婧　李　靓
连　环　沙　含　张　弛
张　菁　张　萌　张　静
张冰洁　张莹琦　张鹏飞
陈佳玉　陈柳伊　苟晨露
周　艳　周理岗　孟德宾
赵　雪　赵俊尧　胡晓斐
胡海平　费红方　耿沐熹
莫妍哲　徐珍珍　唐　甜
唐茂军　黄　祎　程彦乔
傅祥民

本辑编辑：孟德宾　沙　含　汤　沸

投资者权益知识读本

Handbook on Interests and Rights of Investors

总　序

2018 年金秋，中证中小投资者服务中心（以下简称投服中心）主编的“投服中心系列丛书”终于与大家见面了。投服中心是中国证监会直属的证券金融类公益机构，成立 3 年来，不忘初心，始终坚守保护中小投资者合法权益的使命，积极探索投资者保护新路径，努力引导投资者理性投资、全面知权、积极行权、依法维权。“投服中心系列丛书”的出版是对“知权、行权、维权”工作的一个总结，希望借此契机能凝聚一批法学学者、市场实务人士等专家对资本市场的热点难点问题进行长期的探讨研究。

自 2014 年成立以来，投服中心在中国证监会党委的领导和部署下，在证监会投资者保护局的指导和相关部门、各派出机构的支持下，在证监会系统兄弟单位和社会各界的大力支持下，从中小投资者权益保护和救济诉讼的实际需求出发，创新了一套适合我国资本市场中小投资者保护的机制和实现路径——以投资者教育工作为基础，通过事前持股行权、事中纠纷调解、事后支持诉讼来切实维护广大中小投资者的合法权益。投资者是资本市场发展的重要基石，培育良好的投资者群体，保护好广大中小投资者合法权益，是促进资本市场健康发展的重要一环，直接关系维护社会的公平正义，直接关乎亿万人民群众的切身利益。但中国资本市场的中小投资者既是数量上的多数，又是专业知识、投资理念、维权能力等方面的“弱势少数”，因此，中小投资者合法权益时常受到漠视甚至侵害。长期以来，中小投资者权益保护问题既是资本市场的一个宏观问题，又是要落实到每位投资者身上的微观问题。如何从立法层面更细致地规定中小投资者保护的内容，形成法律、行政法规、部门规章及操作性指引；如何从司法层面推动示范判决制度、探索强制调解机制等制度的建设；如何从监管层面创新机制，加大对侵害中小投资者合法权益的违法违规行为的打击和惩罚力度，更多地保护中小投资者的合法权益；如何帮助中小投资者树立权利意识，建立长期投资、价值投资理念，强化风险意识，提高维权能力。这些问题的解决都不是一蹴而就的，我们需要扎根于中国资本市场的土壤，需要政策、法律的研究，需要投保机制的创新，需要与广大中小投资者面对面的交流。为此，投服中心出版系列丛书，以投服中心工作为蓝本，研究了一些热点问题，探索了一条“投服模式”的投资者保护道路，积累了一些经验分享给读者。

“投服中心系列丛书”由《投资者权益知识读本》《持股行权案例评析》《纠纷调解案例评析》《支持诉讼案例评析》《投服研究》等书组成。其中《投资者权益知识读本》登载的“权益 360”系列文章，根据我国资本市场和广大投资者的实际情况，接地气、聚人气，本着知识性、实用性、趣味性的宗旨，为投资者普及权益知识。《持股行权案例评析》《纠纷调解案例评析》《支持诉讼案例评析》汇集了投服中心持股行权、纠纷调解及支持诉讼工作中具有代表性的实际案例，旨在进一步发挥投服中心示范引领作用，唤醒广大中小投资者的股东意识，督促上市公司提高依法运营水平；以及进一步探讨在全国范围内的建立调解合作、小额速调、诉调对接、证券支持诉讼示范判决等机制。《投服研究》选取了投服中心课题中较为突出的研究报告，包含投资者交易行为研究、上市公司章程反收购条款效力研究、证券市场投资者保护条例等一系列资本市场热点、难点问题的研究。“投服中心系列丛书”综合了普及性、专业性及学术性的特点，面向广大投资者、上市公司及专家学者等群体，期望与其一道共同推动中小投资者权益保护工作。

我们希望，“投服中心系列丛书”是一涓细流，能不断汇集中国资本市场土壤上的经验与创新机制，不断丰富学术理论，不断普及权益知识。我们相信，中国中小投资者保护事业能在资本市场各方的努力下，共同谱写新的篇章。

2018 年 8 月

前 言

中证中小投资者服务中心（以下简称投服中心）的主要职责之一，是面向广大投资者开展投资者教育。作为中国资本市场投资者保护的专门性公益机构，投服中心牢固树立“以人民为中心”的发展理念，在为中小投资者提供宣教服务的道路上不断探索实践。

投服中心于近期开展的投资者权益问卷调查显示，投资者权利意识淡薄、主动维权意识不强，在行使和维护自身权益方面存在行权难、诉讼难、举证难等诸多障碍。开展投资者权益教育，需要直接从权益保护的角度开展普及工作，弥补投资者权益知识短板，并引导投资者通过理性的方式，有效地、积极地行使和维护自身权益，从而主动抵制资本市场的违法违规行为。针对市场投资者教育的薄弱环节和投资者的迫切需要，投服中心率先提出了“知权、行权、维权”的投资者教育理念，倾力打造了“权益360”特色品牌。“知权、行权、维权”贯穿了投资者投资的事前、事中和事后全过程，全面保护投资者合法权益。

本书所登载的“权益360”系列文章，力争根据我国资本市场和广大投资者的实际情况，接地气、聚人气，本着知识性、实用性、趣味性的宗旨，为投资者普及权益知识。

“知权”就是帮助投资者了解自己拥有法律赋予的哪些权利。根据我国《证券法》《公司法》等相关法律，证券市场的投资者主要有以下权利：首先，当中小投资者购买上市公司股票成为其股东时，便拥有了股东的身份及股东资格，对公司的基本情况拥有知情权；其次，作为上市公司的股东，中小投资者拥有相应的财产权，如利润分配权、股份认购转让请求权及异议股东股份回购请求权、剩余财产分配权等；再次，作为股东，投资者可以直接参与公司治理，在股东大会上行使表决权、质询权，甚至可以自行召集和主持股东大会；最后，股东拥有诉讼的权利，包括提起直接诉讼及派生诉讼的权利,以便在自身权益或公司利益受到损害时获得救济。虽然投资者拥有诸多法律规定的权利,但违法违规的市场主体往往会使用一些侵权手段,故投资者需要有比较清醒的认识,以此提高风险防范意识。对这一部分内容,主要通过“知识问答”的形式展现,力图采用简单易懂、轻松活泼的语言,回答广大投资者迫切关心的问题,普及投资者权益知识和可能造成侵权的违法违规行为相关知识。

“行权”就是帮助投资者了解权利的行使规则和路径。投服中心示范、引领投资者发现上市公司资本运营过程中可能存在的问题,通过多种方式进行现场和非现场行权,鼓励广大中小投资者共同参与上市公司治理。这一部分,通过实务讲解与投服中心示例相结合的方式,不仅向投资者介绍可操作的行权的途径和相关知识,还通过一系列投服中心公开发声的行权案例,为投资者提供专业的行权示范,供投资者参考。

“维权”就是帮助投资者了解权益受损后的维权方式和途径。投服中心主要开展纠纷调解和支持诉讼两大相关业务,切实维护中小投资者的合法权益:纠纷调解服务创造了一系列新型调解机制,解决投资者实际面临的与上市公司、证券期货经营机构、侵权行为人之间的各种纠纷问题;支持诉讼则是在中小投资者走诉讼道路需要花费巨大时间和金钱成本的情况下,为其维权提供的良好的救济渠道。这一部分,通过讲解相关法律知识、解析调解和诉讼案例,帮助投资者通过实例了解依法维权的方式、方法,提高投资者理性维权的意识和能力。

本书希望通过知识普及、案例讲解的方式,为中小投资者提供差异化、有针对性的投资者权益教育服务,缓解资本市场投资者权益教育匮乏的现状,唤醒中小投资者的股东意识、权利意识,帮助投资者实现从“股民”向“股东”转变,让投资者认识到自己既是“证券投资者”,又是“金融消费者”,使投资者从“无序维权”向“依法维权”转变,目的是供广大中小投资者“全面知权,积极行权,依法维权”。由于编者水平有限,本书难免出现错漏之处,敬请各位读者、同行及专家批评指正。

目　　录

第一章　股东权益知多少

第一节　上市公司股东的权益　003
股东大会知多少(一)　003
股东大会知多少(二)　006
退市制度知多少(一)　008
退市制度知多少(二)　010
股东行使查阅权应关注的内容　012
股东质询权　014
关注股东收益权——现金分红　016
关注股东权益(一)——业绩补偿　018
关注股东权益(二)——关联方资金占用　020
关注股东权益(三)——现金选择权　022
第二节　债券持有人的权利　024
债券持有人的权利(一)　024
债券持有人的权利(二)——知情权　027
债券持有人的权利(三)——收益权　029
债券持有人的权利(四)——债券持有人会议　031
债券持有人的权利(五)——可转换公司债券　033
债券持有人的权利(六)——回售权　035
债券持有人的权利(七)——可交换公司债券　037
债券持有人的权利(八)——风险防范　039

第三节 基金份额持有人的权利 041
基金份额持有人享有的知情权 041
基金份额持有人享有的分红权 044
基金份额持有人的赎回权 046
基金份额持有人的诉讼请求权 048
基金份额持有人大会知多少(一) 050
基金份额持有人大会知多少(二) 053
基金信息披露知多少 056
基金销售的适用性 你了解吗(一) 058
基金销售的适用性 你了解吗(二) 060

第二章 行权小贴士

第一节 行权知识介绍 065
积极行权才有权益保障 065
小股东如何参加股东大会行使权利 068
企业收购知多少 070
价值分析中的几个常用指标 072
什么是杜邦分析法 075
非经常性损益知多少 078
第二节 说说重大资产重组的那些事 081
说说重大资产重组的那些事——规避借壳(一) 081
说说重大资产重组的那些事——规避借壳(二) 084
说说重大资产重组的那些事——标的资产估值(一) 087
说说重大资产重组的那些事——标的资产估值(二) 089
说说重大资产重组的那些事——业绩承诺与补偿(一) 091
说说重大资产重组的那些事——业绩承诺与补偿(二) 093
说说重大资产重组的那些事——发行股份购买资产 095
说说重大资产重组的那些事——重组方案重大调整 098

第三节 行权热点话题 100
积极行权:关注违规担保风险 100
解惑上市公司商誉减值 104
股权质押知多少 107

第三章 维权小贴士

第一节 投服中心纠纷调解案例 111
系统故障发生时 保存证据很重要 111
合同条款未看清 两融强平引纠纷 114
投资新三板 流动性风险莫忽视 116
佣金调整引争议 专业调解化纠纷 118
手续费调整应规范 专业调解化坚冰 120
调解陷信任危机 公证提存解难题 122
疑难虚假陈述案 调解工作有新解 124
委托调解减诉累 多元合作化纠纷 126
政策变化引纠纷 专业调解来助力 128
以案说法之特邀调解 130
以案说法之司法确认 132
第二节 投资者如何维权
——以证券虚假陈述为例 134
上市公司虚假陈述案例投资者该怎么告 134
谁可以作为虚假陈述民事赔偿案件的被告 137
证券虚假陈述案原告证据材料清单 139
证券虚假陈述案件的开庭审理 141
证券虚假陈述投资者维权指南 143
证券虚假陈述侵权纠纷案件中的证券市场风险因素 145
如何理解虚假陈述侵权纠纷中的证券市场风险因素 147
证券虚假陈述案件中投资者提供身份证明文件的注意事项 150
虚假陈述民事赔偿案件中“诉讼方式”的理解与适用 153

如何读懂证券虚假陈述责任纠纷案件民事判决书 155
提起维权诉讼　身份证明文件不可少 157
民法总则施行后　诉讼时效期间如何计算 159
民事诉讼裁定书与判决书的区别 161
第三节　“他山之石” 163
“他山之石”——金融纠纷解决机制巡礼之香港篇 163
“他山之石”——金融纠纷解决机制巡礼之美国篇 166
“他山之石”——金融纠纷解决机制巡礼之日本篇 168
“他山之石”——澳大利亚金融消费纠纷非诉调解机制借鉴 170
“他山之石”——加拿大金融纠纷解决机制 172

第四章　走进科创板

走近科创板(一) 177
走近科创板(二) 180
科创板信息披露知多少(一) 183
科创板信息披露知多少(二) 186
科创板和创业板的差别在哪里 189
科创板特别表决权知多少 191

第一章

股东权益知多少

Handbook on Interests and Rights of Investors

第一节　上市公司股东的权益

股东大会知多少（一）

小钟老师：冯小哥，好久不见，最近去哪儿了？

冯小哥：这不是近几月上市公司年度股东大会密集召开嘛，我爸岁数大了走不动，就让我替他参加了几家上市公司的股东大会。

小钟老师：原来是去行使股东权利了，有什么收获吗？

冯小哥：我不仅现场行使了表决权，还能与上市公司董事、监事、高管面对面的交流，感觉很不错。在参会过程中，我还发现了一些问题，想向您请教一下。

小钟老师：您现在和冯大爷一样，都会积极思考，举一反三了，有什么问题您尽管问。

冯小哥：我在参加了几家股东大会后，发现很多上市公司召开股东大会的流程不尽相同。比如，有的上市公司的董事、监事、高管只有部分参加了股东大会，有的董事、监事、高管加在一起才4个人出席，这符合规定吗？

小钟老师：《上市公司股东大会规则》规定，公司召开股东大会，全体董事、监事和董事会秘书应当出席会议，经理和其他高管人员应当列席会议；董事、监事、高管需要在股东大会上就股东的质询作出解释和说明。所以您说的情况肯定是不符合规定的，尤其是年度股东大会是一年一度的重要会议，上市公司董监高更应该予以重视并出席。

冯小哥：我就说嘛，我们跋山涉水跑去参加股东大会，结果一看就这么几个董事、监事、高管在场，感觉很不被重视，这果然是不符合规定的。还有独立董事在年度股东大会上作述职报告的问题，有的独立董事未参会，有的几名独立董事选了一位代表述职,还有的几名独立董事公布的述职报告一模一样,对这种情况有没有具体规定呢?

小钟老师:有的,《上市公司股东大会规则》第28条规定,在年度股东大会上,每名独立董事应当作出述职报告。所以您说的这几种情况,也是独立董事不够尽责的表现。独立董事作为维护上市公司整体利益,特别是中小股东合法权益的专业人士,应当认真对待述职报告。

冯小哥:是呢,有几次我本来还想认真听听独立董事的报告,结果听下来都是空话、套话,感觉一点收获都没有,希望独立董事们能够重视起来,真正起到作用。还有个问题,就是在参加一家上市公司的年度股东大会时,我们连董事长都没见到,听说去年这家公司的董事长也没参会,这也可以吗?

小钟老师:上市公司股东大会应当由董事长召集和主持。董事长不能履行职务或者不履行职务的,由副董事长主持;副董事长不能履行职务或者不履行职务的,由半数以上董事共同推举一名董事主持。虽然可以由副董事长或者推举其他董事主持年度股东大会,但这是发生在董事长不能履职的情况下的,所以在一般情况下,董事长还是应当出席并主持会议的。

冯小哥:原来如此!这股东大会里的学问还挺多,我要回去再好好研究研究。

小钟老师:好呀,下面让孟博士给您作个法律方面的解读。

孟博士解读

下面我们来看一下《上市公司股东大会规则》中有关的法律法规:

第二十六条 公司召开股东大会,全体董事、监事和董事会秘书应当出席会议,经理和其他高级管理人员应当列席会议。

第二十七条 股东大会由董事长主持。董事长不能履行职务或不履行职务时,由副董事长主持;副董事长不能履行职务或者不履行职务时,由半数以上董事共同推举的一名董事主持。

监事会自行召集的股东大会,由监事会主席主持。监事会主席不能履行职务或不履行职务时,由监事会副主席主持;监事会副主席不能履行职务或者不履行职务时,由半数以上监事共同推举的一名监事主持。

股东自行召集的股东大会,由召集人推举代表主持。

公司应当制定股东大会议事规则。召开股东大会时,会议主持人违反议事规则使股东大会无法继续进行的，经现场出席股东大会有表决权过半数的股东同意，股东大会可推举一人担任会议主持人，继续开会。

第二十八条　在年度股东大会上，董事会、监事会应当就其过去一年的工作向股东大会作出报告，每名独立董事也应作出述职报告。

第二十九条　董事、监事、高级管理人员在股东大会上应就股东的质询作出解释和说明。

股东大会知多少(二)

冯小哥:小钟老师,上次听您讲了参加股东大会的有关知识,感觉受益匪浅、意犹未尽,想跟您接着学习一下。

小钟老师:好呀,您有什么问题尽管说。

冯小哥:有一次参加股东大会时,看到一位老大爷会议开始后才入场,最后没有被允许现场投票,这是什么原因呀?

小钟老师:这主要是因为股东大会开始前,会议召集人和律师会依据股东名册对股东资格的合法性进行验证,并登记股东姓名或名称及其所持有表决权的股份数。在会议开始时,主持人会宣布现场出席会议的股东和代理人人数及所持有表决权的股份总数,在此之前会议登记就终止了。所以您看到的那位大爷应该是在宣布出席人数和表决权之后才到场,错过了参会登记。不过他在网络投票结束之前还是可以通过网络投票的。说到登记,我就要考考您了,参加股东大会都需要哪些证明呢?

冯小哥:这您可难不倒我,我都参加过这么多次股东大会了。我们股东参加股东大会,应当带好身份证明、股票账户卡,像我是代表我爸参会,还要带好股东授权委托书和我们两人的身份证明。

小钟老师:没错,您现在也是股东大会常客了,对流程很熟悉了,还有其他问题吗?

冯小哥:还有,我参加股东大会时,有的上市公司不让我们提问,或者对我们的问题避而不答,这样是不是不符合规定呢?

小钟老师:我们中小股东现场参加股东大会,除了行使表决权,还有很重要的一点是可以与上市公司直接接触,面对面行使质询权、建议权。《上市公司股东大会规则》规定,董事、监事、高管在股东大会上应就股东的质询作出解释和说明。所以只要不违反信息披露相关规定,上市公司董事、监事、高管就应当对中小股东的提问进行解答。

冯小哥:我明白啦,懂了这一条,以后我提问就更有底气了。小钟老师,股东大会这么重要,我参加过的股东大会都是董事会召集的,我们中小股东也可以召集股东大会吗?

小钟老师:这个就涉及股东大会召集请求权问题了。单独或者合计持有公司10% 以上股份的普通股股东有权向董事会请求召开临时股东大会,并应当以书面形式向董事会提出。董事会将根据有关规定,在收到请求后 10 日内提出同意或不同意召开临时股东大会的书面反馈意见。持股比例达到 10% 对于中小股东来说很难实现,但如果有特别重大的问题需要召开股东大会,也可以通过征集股东权利予以尝试。下面我们请孟博士为您详细解读下相关法律法规。

孟博士解读

让我们一起了解一下《上市公司股东大会规则》中有关的规定:

第九条　单独或者合计持有公司 10% 以上股份的普通股股东(含表决权恢复的优先股股东)有权向董事会请求召开临时股东大会,并应当以书面形式向董事会提出。董事会应当根据法律、行政法规和公司章程的规定,在收到请求后 10 日内提出同意或不同意召开临时股东大会的书面反馈意见。

董事会同意召开临时股东大会的,应当在作出董事会决议后的 5 日内发出召开股东大会的通知,通知中对原请求的变更,应当征得相关股东的同意。

董事会不同意召开临时股东大会,或者在收到请求后 10 日内未作出反馈的,单独或者合计持有公司 10% 以上股份的普通股股东(含表决权恢复的优先股股东)有权向监事会提议召开临时股东大会,并应当以书面形式向监事会提出请求。

监事会同意召开临时股东大会的,应在收到请求 5 日内发出召开股东大会的通知,通知中对原请求的变更,应当征得相关股东的同意。

监事会未在规定期限内发出股东大会通知的,视为监事会不召集和主持股东大会,连续 90 日以上单独或者合计持有公司 10% 以上股份的普通股股东(含表决权恢复的优先股股东)可以自行召集和主持。

第二十四条　股东应当持股票账户卡、身份证或其他能够表明其身份的有效证件或证明出席股东大会。代理人还应当提交股东授权委托书和个人有效身份证件。

第二十五条　召集人和律师应当依据证券登记结算机构提供的股东名册共同对股东资格的合法性进行验证,并登记股东姓名或名称及其所持有表决权的股份数。在会议主持人宣布现场出席会议的股东和代理人人数及所持有表决权的股份总数之前,会议登记应当终止。

第二十九条　董事、监事、高级管理人员在股东大会上应就股东的质询作出解释和说明。

退市制度知多少（一）

冯大爷:小钟老师,我最近看到媒体报道,说有几家上市公司退市了,这是怎么回事呀?

小钟老师:有上市,就有退市。所谓退市,是指上市公司股票退出主要证券交易市场,进入次一级市场、场外交易市场、三板市场或者完全退出交易。退市制度的目的在于通过退出机制,发挥资本市场资源优化配置功能,提高上市公司整体质量,保护中小投资者合法权益。

冯大爷:那上市公司在什么情况下会退市呢?

小钟老师:我国内地市场上市公司退市有两种情形:一种是主动退市,另一种是强制退市。主动退市具体包括公司自愿申请退市及因回购、收购、公司合并以及自愿解散等情形导致的退市。自愿申请,是指上市公司在履行必要的决策程序后,可以主动向证券交易所提出申请,撤回其股票在该交易所的交易,并决定不再在交易所交易,或转而申请在其他交易场所交易或者转让;回购、收购情形,是指上市公司、上市公司股东或其他收购人向其他所有股东发出回购或收购全部股份或者部分股份的要约,导致公司股本总额、股权分布等发生变化不再具备上市条件的,其股票退出市场交易;公司合并情形,是指上市公司因新设合并或者吸收合并,不再具有独立主体资格并被注销,其股票退出市场交易;自愿解散情形,是指上市公司股东大会决议解散的,其股票退出市场交易。

冯大爷:原来如此,那么强制退市又是怎么回事呢?

小钟老师:强制退市的情况,有两种。第一种是上市公司因重大违法被实施暂停上市、终止上市,即上市公司因构成证券交易所认定的欺诈发行、重大信息披露违法或者其他重大违法行为而暂停上市,或被证券交易所依据其有关规则作出终止公司股票上市交易的决定。说到这里,就要讲一下暂停上市和终止上市了。暂停上市,是指已上市公司由于法定原因,依法暂时停止其发行的上市股票的交易,达到一定标准还可以申请恢复上市。终止上市,是指彻底取消上市公司的上市资格,或者取消上市证券挂牌交易的资格。公司被终止上市后,符合一定条件可申请重新上市,但有严格的审核流程。

冯大爷:那么第二种强制退市情况是什么呢?

小钟老师:第二种情况是因不符合硬性指标而退市。

第一个标准是指上市公司交易标准要求。一是社会公众持股比例不足公司股份总数25%的上市公司,或者股本总额超过4亿元人民币,社会公众持股比例不足公司股份总数10%的上市公司,在证券交易所规定的期限内仍不能达到上市条件的,证券交易所应当终止其股票上市交易。二是关于股票成交量不满足交易条件,上市公司股票流动性严重不足,已经不再适合公开交易,证券交易所应当及时终止其上市交易。三是关于股票市值的退市指标,即公司股票连续20个交易日(不含停牌交易日)每日收盘价均低于股票面值的,证券交易所应当终止其上市交易。

第二个标准是公司财务状况指标。一是上市公司因净利润、净资产、营业收入、审计意见类型或者追溯重述后的净利润、净资产、营业收入等触及规定标准,其股票被暂停上市交易后,公司披露的最近一个会计年度经审计的财务会计报告存在扣除非经常性损益前后的净利润孰低者为负值、期末净资产为负值、营业收入低于证券交易所规定数额或者被会计师事务所出具保留意见、无法表示意见、否定意见的审计报告等情形之一的,证券交易所应当终止其股票上市交易;二是未在规定期限内依法如实披露的退市指标,如未改正财务会计报告中的重大差错或者虚假记载的、法定期限届满后,公司在证券交易所规定的期限内,依然未能披露年度报告或者半年度报告的,证券交易所应当终止其股票上市交易。

退市制度知多少(二)

冯大爷:小钟老师,上次听您讲了关于退市制度的有关知识,对上市公司退市有了一个初步的了解,想跟您接着学习学习。

小钟老师:没问题,您有什么问题尽管说!

冯大爷:学习了强制退市制度的情况和标准,我也想了解一下主动退市的上市公司内部需要通过什么样的程序才能决定主动退市?

小钟老师:冯大爷的努力没有白费啊,问题越来越专业了。上市公司拟决定其股票不再在交易所交易,或者转而申请在其他交易场所交易或者转让的,应当召开股东大会作出决议,须经出席会议的股东所持表决权的2/3以上通过,并须经出席会议的中小股东所持表决权的2/3以上通过。在召开股东大会前,上市公司应当充分披露退市原因及退市后的发展战略,包括并购重组安排、经营发展计划、重新上市安排等。独立董事应当针对上述事项是否有利于公司长远发展和全体股东利益充分征询中小股东意见,在此基础上发表独立意见,独立董事意见应当与股东大会通知一并公布。上市公司应当聘请财务顾问为主动退市提供专业服务、发表专业意见并予以披露。

冯大爷:原来是这样啊,还是非常替我们中小股东考虑的,我们的意见和态度能够影响公司的主动退市啊。

小钟老师:是啊,冯大爷,保护中小投资者的利益是退市工作的重中之重啊,保护中小投资者的利益贯穿在退市工作的各个环节。除此之外,退市前信息披露的强化,主动退市中异议股东保护机制的完善,重大违法公司及相关责任主体民事赔偿的明确等都是对中小投资者合法权益的保护措施和制度设置。

冯大爷:嗯嗯,真不错!对了,小钟老师,之前还听你冯大娘念叨过一个名词叫“退市整理期”,能不能给我介绍一下,下次我就可以给她当老师啦。

小钟老师:退市整理期是针对我们讲过的强制退市所设立的时段安排。对于股票已经被证券交易所决定终止上市交易的强制退市公司,证券交易所设置“退市整理期”,在退市前给予30个交易日的股票交易时间。在股票被证券交易所决定终止上市交易前,经董事会决议通过并已公告筹划重大资产重组事项的强制退市公司应当召开股东大会,对公司股票是否进入“退市整理期”交易进行表决,证券交易所应当按照股东大会决议对公司股票是否进入“退市整理期”交易作出安排。

冯大爷:那公司在退市整理期会有什么不同吗?

小钟老师:在退市整理期,公司的并购重组会受到限制。公司的并购重组行政许可申请将不再受理;已经受理的,应当终止审核。

冯大爷:小钟老师,公司退市后是不是就彻底消失了?

小钟老师:不会的,公司退市后还是分主动退市和强制退市两种情况的。主动退市公司可以选择在证券交易场所交易或者转让其股票,或者依法作出其他安排。强制退市公司股票应当统一在全国中小企业股份转让系统设立的专门层次挂牌转让。

冯大爷:退市后还回得来吗?

小钟老师:退市公司还是有机会重新上市的。主动退市公司可以随时向其选择的证券交易所提出重新上市申请。强制退市公司在证券交易所规定的间隔期届满后,可以向其选择的证券交易所提出重新上市申请。

冯大爷:小钟老师,您讲了这么多,我感觉对退市制度已经有了一个整体的了解。那么,对于严重损害社会公共利益的上市公司,有没有相关的退市规定?

小钟老师:上市公司应该是市场上众多公司的表率和楷模,对于严重损害社会公共利益的上市公司,证监会也进一步明确了相关规定。对重大违法公司实施暂停上市、终止上市。上市公司构成欺诈发行、重大信息披露违法或者其他涉及国家安全、公共安全、生态安全、生产安全和公众健康安全等领域的重大违法行为的,证券交易所应当严格依法作出暂停、终止公司股票上市交易的决定。

股东行使查阅权应关注的内容

知情权是上市公司股东的重要权利,是上市公司股东了解上市公司生产经营情况的重要途径,查阅是股东行使知情权的重要方式,可为股东行使质询权及投资决策提供重要参考。我国《公司法》第 97 条明确规定,股份有限公司股东有权查阅公司章程、股东名册、公司债券存根、股东大会会议记录、董事会会议决议、监事会会议决议、财务会计报告,对公司的经营提出建议或者质询。现就中小股东如何行使查阅权以及查阅中上市公司常见违规行为类型介绍如下。

一、股东行使查阅权需要提供的资料

股东行使查阅权需要向上市公司证明其股东身份,自然人需提供其持股证明及身份证,法人需提供持股证明、营业执照复印件。法人股东如果是法定代表人参会,需提供法定代表人身份证明;若股东委托其他人参会,受托人需提供授权证明文件。实践中,上市公司往往以要求股东提供额外的证明材料或者提出其他附加条件等手段阻止股东行使查阅权。例如,某餐饮上市公司 A,以公司处于被采取风险警示措施的敏感时期,股东查阅需要经过证监局专管员同意后方可查阅为由,拒绝股东查阅;某科技类上市公司 B,以公司章程及董事会决议、监事会决议已经在法定信息披露渠道公告为由,拒绝股东查阅;又如,某科技类上市公司 C,以公司财务会计报告信息涉及企业的财务信息,属于商业秘密为由拒绝股东查阅。

此类做法既剥夺了股东的查阅权也违反了法律规定,增加了股东的义务。股东可以向上市公司所属的证监局投诉和举报,也可以在保留相关证据的前提下,向人民法院提起诉讼,要求上市公司履行法定义务。

二、查阅前的沟通工作

查阅权是股东的法定权利,法律也未规定查阅一定要与上市公司沟通。但是在实际操作中,为了避免出现上市公司档案管理人或相关负责人外出、办公地址变更等变数出现,股东查阅前可以与上市公司取得联系,就查阅目的、查阅时间等信息与上市公司作简单沟通,便于提高查阅效率。

三、查阅过程中应关注的内容

《上市公司股东大会规则(2016 年修订)》(证监发〔2016〕22 号)等法律法规就股东大会的召集、召开、会议记录等内容有详细规定,但上市公司普遍执行不到位。通过以往行使查阅权的实践发现,上市公司通常在股东大会会议记录、董事会、监事会决议及档案保存等方面容易出现问题,需要股东予以关注。

(一)股东大会会议记录。(1)上市公司董监高应该全体参加股东大会。如广东上市公司 D,作为公司高管并且是股东大会会议的记录人的董事会秘书缺席一年一度的年度股东大会的做法不符合该规定。(2)股东大会记录应该完整。会议记录应该详细、完整地记录出席或列席会议的董监高等人员信息、提案的审议经过、发言要点、股东的质询意见或建议以及相应的答复或说明。(3)会议记录应该有计票和监票方面的记载。上市公司应该推荐两名股东代表参加计票和监票,股东大会会议应该记录上述内容。

(二)董事会、监事会决议。(1)关联交易中关联方应该回避投票;(2)公司保存的决议文件应该与公司对外公告的决议内容一致。

(三)档案保存。(1)档案中应该保存所有参会主体的股东资格证明文件。实践中控股股东、大股东及合格境外机构投资者(Qualified Foreign Institutional Investors,QFII)的主体资格证明文件容易缺失。例如,深圳上市公司 E 认为某 QFII 股东自公司上市以来一直委托公司董事长投票,往年已经提交过主体资格的证明文件,导致 2017 年年度股东大会中该股东的主体资格证明文件缺失。(2)授权委托行为应该完整有效,无法律瑕疵。授权文书应该在有效期内,授权事项、范围应该明确具体。(3)公司档案应该保存原件。授权委托书、表决票及签字页等档案不能仅保存复印件、扫描件,应该保存原件。

股东质询权

一、什么是股东质询权

质询权原是代议制下议员享有的基本权利,后逐渐进入公司治理领域,成为现代公司治理中股东享有的一项重要权利。通常认为,股东质询权是股东在股东大会上依照法定的程序就股东大会审议事项的有关问题向公司管理层进行质疑和提问的权利,公司管理层承担着对股东质询问题的说明和答复义务。在公司所有权和经营权分离的条件下,质询权的设置可以减少公司中小股东与公司管理人员之间的信息不对称,使股东通过质询提问弥补自身信息之不足,在一定程度上形成对公司管理层的监督和制衡,从而保障股东更好地行使其享有的表决权和建议权,实现股东参与公司治理的目的。

二、对我国上市公司股东质询权有关规定的理解

我国《公司法》第 97 条规定:“股东有权查阅公司章程、股东名册、公司债券存根、股东大会会议记录、董事会会议决议、监事会会议决议、财务会计报告,对公司的经营提出建议或者质询。”该条对股东享有的查阅权、建议权和质询权进行了宣誓性的规定。《公司法》第 150 条规定:“股东会或者股东大会要求董事、监事、高级管理人员列席会议的,董事、监事、高级管理人员应当列席并接受股东的质询。”同时,《上市公司股东大会规则》第 29 条也明确规定:“董事、监事、高级管理人员应就股东的质询作出解释和说明。”第 41 条第 1 款第 5 项也明确了股东的质询意见或建议以及相应的答复或说明应当记载于股东大会会议记录。

由以上规定可知,我国上市公司的中小股东在股东大会召开时有权按照股东大会规定的程序,对公司董事、监事、高级管理人员行使质询权,同时公司的董事、监事、高级管理人员也应当履行相应的答复义务,公司董事会秘书负责将股东质询和答复情况记入股东大会会议记录。而在非股东大会场合,尽管股东也可依据《公司法》第 97 条对公司进行质询,但我国目前并没有详细的法律规范规定公司相应的说明与回复义务。

三、股东质询权的行使

由于质询的内容一般涉及公司的重大事项,这就要求股东及时关注公司及其所

处行业的发展动态并对公司披露的信息进行充分研究，对股东的专业能力具有一定要求，且需要股东花费一定的时间和精力。因此，要行使好股东质询权一方面要重视质询的作用，提高自身的行权意识；另一方面也要加强学习和研究，多向专业人士请教，对于上市公司披露的信息要形成自身的理性判断，通过积极行使股东质询权的方式充分保护自身合法权益。

除了在股东大会上行使法定的质询权外，实践中，股东也可以通过实地走访，电话以及沪深交易所网络互动平台对上市公司的有关问题进行咨询和提问。对于股东大会审议事项，股东也可以在股东大会事前、事中、事后就审议事项公开发表观点等方式保护自身合法权利。

四、投服中心的有关工作

投服中心作为专司中小投资者保护的公益机构和持有上市公司 100 股的小股东，也将在充分研究的基础上，于参加股东大会时充分运用股东质询权，以起到示范引领的效果。同时，投服中心也将持续通过参加重组媒体说明会、网上行权、公开发声等方式进行一般意义上的质询，所有的问询都会在中国投资者网上的行权栏目中展示，供其他中小投资者参考。

关注股东收益权——现金分红

《公司法》第4条规定,公司股东依法享有资产收益、参与重大决策和选择管理者等权利。股东享有的资产收益权是《公司法》所明确的股东基本权利之一,而上市公司现金分红是回报投资者、保护投资者收益权的基本手段。在此,我们将结合投服中心的行权工作向投资者介绍现金分红的相关情况。

一、现金分红的前提条件

公司现金分红属于公司自治范畴,是否分配股利,什么时间分配股利,均由公司决定,股东只能通过股东大会行使表决权来影响公司的决策。上市公司的公司章程中会规定该公司进行现金分红的前提条件,由于公司所处行业或财务状况不同,其进行现金分红的前提也通常有所不同,最常见的是当年盈利、可分配利润(公司弥补亏损、提取公积金后所余的税后利润)为正、现金流充裕、无重大投资计划或重大现金支出事项发生等,某些公司也将资产负债率不高于某一水平等特定条件列为进行现金分红的前提之一。在不满足公司章程规定的现金分红条件时,上市公司可以不进行现金分红。投服中心在行权的过程中发现,在不满足现金分红条件的公司中存在一种情况,即上市公司因子公司长期未向母公司分配利润,将主要利润沉淀在下属子公司而导致上市公司母公司可供分配的利润为负,从而使上市公司不满足现金分红条件,投资者也应特别注意此类公司。

二、现金分红的信息披露

根据《上市公司治理准则》的要求,上市公司应当积极回报股东,在公司章程中明确利润分配办法尤其是现金分红政策。上市公司应当披露现金分红政策制定及执行情况,具备条件而不进行现金分红的,应当充分披露原因。根据《上市公司信息披露管理办法》《公开发行证券的公司信息披露内容与格式准则》等的要求,上市公司在其年度报告中应当披露报告期内普通股利润分配政策,特别是现金分红政策的制定、执行或调整情况,说明利润分配政策是否符合公司章程及审议程序的规定,是否充分保护中小投资者的合法权益。对于报告期内盈利且母公司可供普通股股东分配利润为正但未提出普通股现金利润分配方案预案的公司,应当详细说明原因,同时说明公司未分配利润的用途和使用计划。投资者可以通过阅读上市公司章程及年报的相关内容了解上市公司的利润分配情况以及上市公司不进行现金分红的合理性,进而做出投资判断。

三、投资者的行权途径

相关规定要求,股东大会对现金分红具体方案进行审议前,上市公司应当通过多种渠道主动与股东特别是中小股东进行沟通和交流,充分听取中小股东的意见和诉求,及时答复中小股东关心的问题。但如果中小股东不能积极行权,上市公司也难以主动向广大中小投资者征求意见。目前较常见的沟通渠道包括上市公司的公开邮箱、电话以及交易所互动平台,中小投资者可以通过以上多种渠道向上市公司了解情况并提出建议。

四、投服中心行权活动

投服中心在集中梳理上市公司章程的过程中发现,章程中存在未明确分红制度这一普遍现象,具体包括未对利润分配的决策程序和机制、调整程序和机制进行明确,未对充分听取中小股东意见所采取的措施进行明确,未对现金分红在利润分配方式中的优先顺序进行明确等。针对章程中存在上述问题的公司,投服中心向其发送了股东建议函,建议公司董事会及时推动章程修改完善工作并在股东大会召开时予以落实。

此外,投服中心在2018年的网上行权行动中,通过中国投资者网和交易所互动平台,对存在以下两类问题的部分上市公司进行网上质询:一是满足现金分红条件但长期不进行现金分红的公司;二是由于上市公司子公司长期未向母公司进行分红而导致上市公司不满足现金分红条件的公司。

关注股东权益(一)——业绩补偿

在上市公司并购重组中,业绩补偿作为一项重要制度,通过对实际控制人、大股东、关联方、收购人等相关方的行为进行约束,以实现其维护广大中小股东的合法权益的最终目的。《上市公司重大资产重组管理办法》《上市公司监管指引第4号——上市公司实际控制人、股东、关联方、收购人以及上市公司承诺及履行》中除对承诺相关方作出监管要求外,也为股东保护自身合法权益提供了途径。在此,我们将结合投服中心的行权工作向投资者介绍业绩补偿的相关情况。

一、业绩补偿的前提

业绩补偿,需要满足一定的条件,并非所有重大资产重组都应具备相关补偿协议。《上市公司重大资产重组管理办法》第35条明确规定,采取收益现值法、假设开发法等基于未来收益预期的方法对拟购买资产进行评估或者估值并作为定价参考依据的,上市公司应当在重大资产重组实施完毕后3年内的年度报告中单独披露相关资产的实际盈利数与利润预测数的差异情况,并由会计师事务所对此出具专项审核意见;交易对方应当与上市公司就相关资产实际盈利数不足利润预测数的情况签订明确可行的补偿协议。由此可知,采取特定估值方法的标的资产的相关方负有业绩补偿的义务,重组完成后3年内,投资者可在年度报告中查找到相关资产实际盈利数和预测数的差异情况,更可借由审计机构出具的专项审核报告得知该资产相关方当年是否需要对上市公司股东进行业绩补偿。

二、业绩补偿变更的条件

业绩承诺期内,业绩补偿相关协议原则上不能随意更改,如确实需要更改,需要满足一定的条件。《上市公司监管指引第4号——上市公司实际控制人、股东、关联方、收购人以及上市公司承诺及履行》第5条规定,业绩承诺变更方案应提交股东大会审议,上市公司股东以网络投票方式表决,承诺相关方及关联方应回避。独立董事、监事会应就承诺相关方提出的变更方案是否合法合规、是否有利于保护上市公司或其他投资者的利益发表意见。变更方案未经股东大会审议通过且承诺到期的,视同超期未履行承诺。可见,业绩承诺变更需经由股东大会,股东可通过行使表决权对不合理的业绩承诺变更方案进行否决。

三、投服中心专项行权工作

2018 年第三季度，投服中心对 2015 年至 2017 年上市公司实施的重组事项进行了梳理，发现 3 年间 807 件重组案例中，有 164 件未按约定完成承诺业绩，投服中心针对其中 17 件对重组标的公司未实现承诺业绩且未履行补偿义务的事项开展了网上行权专项行动。

甲公司 2015 年发行股份购买了标的资产 A，该标的资产 2016 年实现的净利润低于承诺数值，却迟迟未进行补偿。乙公司 2015 年发行股份购买标的资产 B，标的资产三年业绩承诺均未实现，承诺期满后应当按要求进行股份补偿，但由于业绩补偿方所持上市公司股份存在高比例质押，故而业绩补偿未能推进。丙公司 2014 年发行股份购买了标的资产 C，标的资产 C 在 3 年内实现的累积净利润低于承诺值，补偿方进行业绩补偿，因补偿方股份存在被法院冻结的现象，仍剩余部分未完成补偿。投服中心在上证 e 互动和深交所互动易平台上对相关上市公司进行公开质询，就尚未补偿事项询问具体补偿进程及完成时间；就补偿进程中的障碍询问上市公司是否已经开始采取司法手段推进。投服中心通过此类专项行权示范引领广大中小投资者行使股东知情权、质询权和建议权。未来投服中心除继续跟踪行权对象外，也将推动相关部门完善规则，加强监督检查。

在重大资产重组过程中，中小投资者除关注具体进度外，更应关注其实质的内容，包括事前业绩承诺的合理性、事中业绩承诺变更的合理性、每年年报中披露的业绩承诺完成的情况等；对于业绩承诺虚高、变更业绩承诺不合理的情况，可以通过参加股东大会或进行网络投票的方式，积极行使投票权，对相关议案提出自己的意见。

关注股东权益（二）——关联方资金占用

上市公司控股股东、实际控制人及关联方资金占用问题一直是我国证券市场存在的一个突出问题，大量的资金占用，严重影响了上市公司的资产质量，甚至造成上市公司因资金紧缺而经营困难或连续亏损，极大侵害了广大投资者尤其是中小投资者的合法权益。

一、关联方资金占用的定义

关联方资金占用，是指上市公司控股股东、实际控制人及其他关联方占用上市公司资金，包括但不限于经营性资金占用和非经营性资金占用。

经营性资金占用，是指控股股东、实际控制人及其关联方通过采购、销售等生产经营环节的关联交易产生的资金占用，现有的监管法律法规对此采取限制态度。

非经营性资金占用，是指为控股股东、实际控制人及其关联方垫付工资、福利、保险、广告费用和其他支出；代控股股东、实际控制人及其关联方偿还债务而支付资金；有偿或无偿、直接或间接拆借给控股股东、实际控制人及其关联方资金；为控股股东、实际控制人及其关联方承担担保责任而形成的债权；其他在没有商品和劳务提供情况下给控股股东、实际控制人等使用的资金。现有监管法律禁止非经营性占用上市公司资金。

二、关联方资金占用对中小股东的权益损害分析

1. 降低上市公司资产质量

控股股东、实际控制人等关联方占用上市公司资金，将上市公司货币资金转化为应收款项，其中经营性资金占用体现在“应收账款”科目，非经营性资金占用体现在“其他应收款”科目。上述资产的转变虽然不会减少上市公司的净资产，但应收款项的资产质量远低于现金、银行存款等货币资金，上市公司并不能实际支配、使用这部分资产，降低了资产的运作效率，甚至造成上市公司因资金紧缺而经营困难。

2. 降低上市公司经营业绩

控股股东、实际控制人等占用上市公司资金，通常不支付资金占用费或者资金占用费远低于同期银行贷款利息，侵吞了原本属于上市公司的利息收入，减少了上市公

司净利润。除此之外，在发生控股股东、实际控制人恶意转移、侵吞上市公司资产时，资金占用款长期计入应收款项而无法收回，此时按照会计准则计提坏账准备，资产减值损失直接冲减当期净利润。

3. 未履行审批程序时侵犯投资者决策权和知情权

控股股东、实际控制人等不履行审批程序和信息披露义务，擅自占用上市公司资金的情况时常发生，直接侵害了中小股东的表决权和知情权，更导致中小股东无法对上市公司的资产状况、经营情况作出准确判断。

三、中小投资者应关注的主要问题

上市公司在披露年度财务报告时，应同时披露注册会计师对上市公司存在关联方占用资金情况出具的专项说明，投资者可对此予以特别关注，尤其是要关注以下几个方面：一是关联方资金占用发生的时间、金额、用途，是否严格履行了关联交易审批程序和信息披露义务；二是资金占用方是否支付了占用费，占用费是否参照同期银行贷款利率；三是占用资金的还款时间、还款方式，是否对上市公司的经营业绩造成不利影响，上市公司是否采取了回收占用款的有效措施；四是控股股东、实际控制人对占用资金偿还的相关承诺及承诺履行情况；五是关联方资金占用给上市公司造成损失或者可能造成损失的，公司董事会是否采取了诉讼、财产保全等保护性措施避免或者减少损失，是否追究了有关人员的责任。

关注股东权益（三）——现金选择权

刚开始学习股票投资的阿发最近碰到了一个新名词,他持股的一家上市公司最近出了公告,说要吸收合并另一家公司,给股东提供“现金选择权”。阿发把公告里关于这个“现金选择权”的内容看了又看,也没搞懂是怎么回事,于是向他的好邻居小钟老师请教。

阿发:小钟老师,请教您一个问题可以吗?我持股的一家上市公司最近公告说要吸收合并另一家公司,给股东提供现金选择权。您能不能给我讲一下,“现金选择权”是什么意思?

小钟老师:好啊,阿发,我来给您讲讲。首先,我们说一下什么是“现金选择权”:

书本上说,现金选择权是指上市公司拟实施合并、收购、分立等重大事项时,该上市公司的股东按确定的价格在规定期限内将持有的上市公司股份出售给提供现金选择权的相关当事人(或其指定的第三方)的权利。

根据我的理解,这就是说您现在拥有一个选择的权利,可以在公司规定的时间内按照一个确定的价格将手里的股票卖给上市公司或其指定第三方获得现金,或者继续持有这只股票。

阿发:哦,我好像有点理解了。那为什么公司要提供这个“选择权”呢?

小钟老师:设置现金选择权的目的,一是保护并购重组事件中相关中小投资者的利益,为中小投资者提供适当的退出机制;二是提高并购重组的实施效率,保证公司并购重组的顺利进行。

阿发:原来它可以保护我这样的小投资者。小钟老师,您能不能讲讲现金选择权有哪些关键要素?

小钟老师:好的。以您碰到的这个吸收合并的事项为例,我来简单讲讲现金选择权的关键要素。

一是授予范围。上市公司可以向全体股东提供现金选择权,也可以仅向异议股东,也就是在股东大会上对并购重组相关议案投反对票的股东提供。在这个例子中,公司向全体股东提供现金选择权,也就是说您无须对相关议案投反对票就可以获得现金选择权。

二是提供方。现金选择权的提供方可以是上市公司或指定的第三方。以往案例中多是由除上市公司以外的第三方提供,有的是控股股东,有的是战略投资者等。如果由第三方提供,就需要关注第三方的履约能力。在这个例子中,提供方尚未确定,公司公告提供方是上市公司或上市公司指定的第三方,所以您要关注公司后续的信息披露,看看提供方最终是谁。

三是行权价格。公司会在公告中披露按照一定定价基准确定的行权价格。但这个价格可能发生变化,如在定价基准日至现金选择权实施日期间发生除权、除息的事项,则行权价格可能作相应调整;或者交易方案公告后股票价格跌幅超过一定范围,行权价格也可能进行调整。

四是行权条件。公司一般会要求股东自股权登记日起,持续保留拟行使现金选择权的股票至现金选择权实施日。以这个例子来说,若在股权登记日至现金选择权实施日期间一直持有手里的股票,就可以行使现金选择权。如果在此期间您卖掉一部分或全部股票,则可以行使的现金选择权就相应减少或无权行使。如果是仅向异议股东提供的现金选择权,则还要求股东在股东大会上对并购重组相关议案投反对票。

此外,如果资产重组最终不能实施,股东就不能行使现金选择权。

阿发:这个现金选择权还真复杂啊!

小钟老师:是的,对于股票投资初学者来说,这个概念比较难理解。通俗点来讲就是,您可以选择一直持有这只股票,或者持有至现金选择权申报期,在申报期内以公司提供的价格卖出股票,锁定收益。这个价格可能会因除权、除息、二级市场股价变动较大而进行调整,您需要关注价格调整对自己收益的影响。如果公司要求对并购重组相关议案投反对票才可行使权力,那么在股东大会召开时您需要参与投票。

阿发:嗯,看来我得认真研究一下怎样才能利用好这个权利。

小钟老师:阿发,您说得对。中小投资者在决定是否行使现金选择权时一定要仔细阅读公司公告的关于现金选择权的详细方案,对以上提到的几个要素,还有现金选择权的申报期间、申报方式等都要弄明白,也要搞清楚是行使现金选择权对自己有利,还是不行使有利。

阿发:好的,小钟老师。我会仔细研究相关方案的。谢谢您为我讲解这么多。

第二节　债券持有人的权利

债券持有人的权利（一）

小费阿姨：小钟老师，我前段时间浏览证监会网站的时候，看到了“防控债券风险，做理性投资人”债券投资者权益保护专项活动，我就想跟您了解一下债券的相关知识。

小钟老师：没问题。我国的债券市场从1981年财政部恢复发行国债开始至今，已经经过了30余年的发展，目前已发展成为门类基本齐全、品种结构较合理、信用层次不断拓展的债券市场。

小费阿姨：都有哪些种类呢？听您讲了那么多股票投资者的权益知识，债券还真不了解。

小钟老师：债券是一种有价证券，是社会各类经济主体为筹集资金而向债券投资者出具的、承诺定期支付利息并到期偿还本金的债权债务凭证。债权发行主体可以是政府（或政府机构）、非金融企业、金融机构，还可以是国际组织。

小费阿姨：是不是发行主体不同，债券的种类也就不同？

小钟老师：对的，这是一种分类方法。中央政府发行的就叫国债，地方政府发行的叫地方政府债券；中央人民银行发行的中央银行票据；政府支持机构发行的债券，如铁道债券、中央汇金债券等；金融机构发行的金融债券，如政策性金融债券、商业银行债券、非银行金融债券等；企业债券、非金融企业债券融资工具、公司债券、可转换公司债券、中小企业私募债券等公司信用债券；信贷资产支持证券、企业资产支持证券等资产支持证券；以及境外机构在中国境内发行的人民币债券、存款类金融机构在银行间市场上发行的同业存单等。

小费阿姨：这么复杂，我要回去好好消化消化。是不是还有其他分类方式？

小钟老师：对的，债券不是要还本付息嘛，按照付息方式的不同，还可以分为零息债券、贴现债券、固定利率付息债券、浮动利率付息债券、利随本清债券等。按照债券是否可以流通，又分为可流通债券和不可流通债券。此外，还可以按照币种划分，还有绿色债券、社会效应债券等。

小费阿姨：看来和股票还是有本质差别的。

小钟老师：对的，债券的曲线结构、久期属性、凸性特征等都具有一定的专业性、特殊性，对个人投资者的能力要求较高。我国债券市场形成了交易所（上海证券交易所、深圳证券交易所）市场、银行间市场和商业银行柜台市场三个主要子市场在内的统一分层的市场体系；其中，交易所市场是场内市场，个人投资者可以参与；银行间市场是场外市场，参与者限定为各类机构投资者，其存量约占全市场的 90%；商业银行柜台市场是银行间市场的延伸，个人投资者也可以参与。

小费阿姨：这么说债券市场的投资者主要是机构投资者，与股票市场的投资者结构也有很大差别？

小钟老师：对的，但债券投资者即债券持有人也是拥有很多权利的。

小费阿姨：是不是和股票投资者的权利有很大差别？

小钟老师：对的。债券持有人主要拥有利息支付请求权、偿还本金请求权等；债券持有人可依照法律、公司章程的规定获得有关信息，类似于股票投资者拥有的知情权；债券持有人参加债券持有人会议时，还拥有提议权、召集权、表决权等；对于公司债券的持有人，如果公司破产，还拥有剩余资产的优先分配权；对于持有可转债的持有人来说，可以根据约定条件将所持有的可转债转换为公司股份，也可以依照法律、行政法规及公司章程的规定转让、赠与或质押其所持有的可转债。

小费阿姨：还是挺复杂的，以后慢慢跟您请教。

小钟老师：没问题。因为债券发行的主体有很多，我国的债券市场实行分市场、分券种多头监管，充分保护债券持有人的合法权益。监管部门除了中国人民银行、证监会、银保监会外，还有财政部、发改委、外管局等；其中，证监会的监管事项包括交易所市场、新三板，公司债券、证券公司短期融资券、可转换债券、可交换债券、企业资产支持证券、熊猫债券等。此次证监会的专题活动，就是帮助投资者了解债券投资者的相关法规和知识，避免过度运用杠杆投资等现象，提高风险识别能力和自我保护能力。您也可以先看看《公司法》《证券法》等相关法律,《公司债券发行与交易管理办法》等相关规章制度,以及关于信息披露的规范性文件、相关的自律规则、投资者适当性管理办法等,了解一下相关的信息。

债券持有人的权利（二）——知情权

小费阿姨：小钟老师，您上次介绍了很多债券持有人的权利，能不能每项权利都给我们详细介绍一下？

小钟老师：一般来说，个人投资者与机构投资者相比，在信息获取方面处于劣势，应该更关注拟投资债券的相关信息，行使相应的知情权。对于公司债权人来说，其享有的知情权是指公司债权人享有的对关系其自身重大利益之事项而要求作为债务人的公司通知和公开的权利。

小费阿姨：那作为债券的投资者，都应该关注哪些信息呢？是不是和股东的关注点还是有差别的？

小钟老师：对的，既有类似的，也有需要特别关注的。一般来说，在债券市场上，投资者需要重点关注的信息有：(1)发行人编制的募集说明书及其摘要，其中包含了很多债券的基础信息；(2)发行人的上市公告书或挂牌转让公告书，其中包含了关于债券的流动性安排、票面利率、起息付息日期等；(3)发行人的定期报告，包括年度报告、中期报告等，涉及发行人的经营与财务状况、受托管理人履职情况、债券持有人会议召开情况等；(4)发行人的临时报告，主要包括可能影响发行人偿债能力或者债券价格的重大事项；(5)受托管理人的受托事务管理报告，包括年度报告和临时报告；(6)资信评估机构的评级报告。

小费阿姨：这么多的文件，我应该着重关注哪些具体信息？

小钟老师：对于投资者来说，应该充分关注债券的期限、利率、回售条款、风险因素等内容，根据自身的风险承受能力作出相应的投资决策，切实保护自身利益。

就临时报告而言，还要对可能会影响发行人偿债能力或债券价格的重大事项有所注意，主要包括但不限于：(1)发行人经营方针、经营范围或生产外部条件；(2)债券信用评级及调整情况；(3)发行人主要资产是否被查封、扣押、冻结；(4)发行人是否存在未能清偿到期债务的违约情况；(5)发行人当年累计新增借款或对外提供担保是否发生重大变化；(6)发行人是否存在放弃债权或财产数量较大的情况；(7)发行人是否有出现重大损失的情形；(8)发行人作出减资、合并、分立、解散及申请破产的决定；(9)发行人涉及重大诉讼、仲裁事项或收到重大行政处罚；(10)保证人、担保物或者其他偿债保障措施发生重大变化；(11)发行人情况发生重大变化导致可能不符合公司债券上市条件;(12)发行人涉嫌犯罪被司法机关立案调查,发行人董事、监事、高级管理人员涉嫌犯罪被司法机关采取强制措施。

小费阿姨:通过哪些途径可以看到这些文件呢?

小钟老师:可以通过所购买债券的交易场所网站上查询相关的年度报告、半年度报告、受托管理人报告、临时报告,对于发行人为上市公司的,还可以通过上市公司官网查询相关信息。

小费阿姨:看来作为债券的投资者,也是需要了解很多相关信息的。

小钟老师:对的,只有提高了自己对拟投资或持有债券信息的掌握,才能充分地判断风险,保护好自身的合法权益。和上市公司信息披露的质量要求一样,债券发行人的信息披露也同样要真实、准确、完整、及时。关于这部分的要求,再让孟博士给您详细解读一下吧。

孟博士解读

关于债券的法律法规有上百项,对于个人投资者来说,可以参与交易所债券市场和商业银行柜台市场,这里我们主要介绍公司债券的相关规定,这和公司股东也有较为密切的关系。我国《证券法》第20条规定:"发行人向国务院证券监督管理机构或者国务院授权的部门报送的证券发行申请文件,必须真实、准确、完整。为证券发行出具有关文件的证券服务机构和人员,必须严格履行法定职责,保证其所出具文件的真实性、准确性和完整性。"第63条规定:"发行人、上市公司依法披露的信息,必须真实、准确、完整,不得有虚假记载、误导性陈述或者重大遗漏。"

《上市公司信息披露管理办法》中有关于信息披露的详细规定,公司法中也有关于"公司债券"的专章,还有《公司债券发行与交易管理办法》《上海证券交易所债券市场投资者适当性管理办法》《深圳证券交易所债券上市规则》等很多相关的法律法规,有需要的投资者朋友可以自行查阅。

债券持有人的权利（三）——收益权

小费阿姨：小钟老师，上次听您介绍债券持有人享有的知情权，这次您介绍哪项权利呢？

小钟老师：知情权是债券持有人享有的基本权利，涉及很多债券的基本信息。但对于债券持有人来说，其比较关心的可能还是收益，这就涉及利息支付请求权和偿还本金请求权。

小费阿姨：关于收益的？是不是类似于股东的分红权之类的？

小钟老师：其中的差别还是蛮大的。债券作为一种债务凭证，反映着一种债权债务关系，有别于股东的所有权。发行人作为债务人，负有到期还本付息的义务；债券持有人作为债权人，就享有到期请求债务人还本付息的权利。

小费阿姨：关于这两项权利，有哪些需要特别留意的地方吗？

小钟老师：对于利息支付请求权来说，债券的利率、利息支付方式以及期限，都由债券发行契约来确定。以前也介绍过不同的债券可以约定不同的付息方式，如零息债券、贴现债券、固定利率付息债券、浮动利率付息债券、利随本清债券等。零息债券和贴现债券都是持有期内不支付利息的债券，固定利率付息债券、浮动利率付息债券等则都需要按照约定的付息周期和利率支付利息。

小费阿姨：是不是零息债券和贴现债券差不多？

小钟老师：对的，一般来说零息债券的期限较长，而贴现债券的期限较短。以国债为例，根据财政部 1997 年的规定，期限在 1 年以内（不含 1 年）以贴现方式发行的国债归入贴现国债类别，期限在 1 年以上以贴现方式发行的国债归入零息国债的类别。

小费阿姨：固定利率和浮动利率应该就是字面意思吧，那利随本清怎么理解呢？

小钟老师：利随本清债券，指的是到期一次还本付息的债券。例如，一只面值 1000 元、期限 3 年、票面利率 10%（不计复利、不考虑所得税）的公司债，一年付息一次就是每年年末获得利息 100 元，如果是利随本清就是 3 年后获得利息 300 元。利随本清债券，可以简单地理解为一次性付息债券。

小费阿姨：明白了。那偿还本金请求权呢？是不是也可以顾名思义？

小钟老师：是的，偿还本金的期限和方法，也由债券发行契约来确定。对于公司债来说,在债券偿还年度,发行公司必须在发放当年股息之前先偿还债券本金和利息;万一公司发生破产,则在清算时也必须先偿还债券。

小费阿姨:会不会也存在无力支付利息的情况?

小钟老师:这种情况的确存在,当发行人不能按期支付本息的情况存在时,债券的受托管理人应当及时召集债券持有人会议,充分保护债券持有人的合法权益。

小费阿姨:那是不是还有其他一些需要召开债券持有人会议的情况?

小钟老师:对的,在债券存续期内,如果存在下列情形,受托管理人应当及时召集债券持有人会议:(1)拟变更债券募集说明书的约定;(2)拟修改债券持有人会议规则;(3)拟变更债券受托管理人或受托管理协定的主要内容;(4)发行人不能按期支付本息;(5)发行人减资、合并、分立、解散或者申请破产;(6)保证人、担保物或者其他偿债保障措施发生重大变化;(7)发行人、单独或合计持有本期债券总额10%以上的债券持有人书面提议召开;(8)发行人管理层不能正确履行职责,导致发行人债券清偿能力面临严重不确定性,需要依法采取行动的;(9)发行人提出债务重组方案的;(10)发生其他对债券持有人权益有重大影响的事项。这其中隐含了一项债券持有人的其他权利,小费阿姨发现了吗?

小费阿姨:是不是类似于股东的股东大会召集请求权?

小钟老师:看来您对股东的权利已经了然于胸了!对的,债券持有人拥有债券持有人大会的召集请求权,但这项权利需要单独或合计持有本期债券总额的10%以上。当债券受托管理人应当召集持有人会议而未召集时,满足该条件债券持有人有权自行召集债券持有人会议。债券持有人会议时保障债券投资者合法权益的重要制度安排,关于债券持有人在持有人会议上的权利还有很多,以后慢慢给您介绍。

债券持有人的权利（四）——债券持有人会议

小费阿姨：小钟老师，我之前跟您了解了债券持有人享有的利息支付请求权和偿还本金请求权，和债券持有人的切身利益息息相关。类似于上市公司的股东大会，债券方面有没有类似的制度安排呢？

小钟老师：对于债券持有人来说，是有类似的债券持有人会议这一安排的，今天就给您介绍一下公司债的债券持有人会议吧。公司债的债券持有人会议又称债权人会议，是一种由债券持有人集体行使权利的，即时召集的临时议决机构。

小费阿姨：在哪些情况下可以召开债券持有人会议呢？债券持有人是不是和股东一样，也享有提请召开债券持有人会议的权利？

小钟老师：是的，在债券存续期内，发行人、单独或者合计持有本期债券总额的10%以上的债券持有人享有书面提议召开债券持有人的权利，当债券受托管理人应当召集持有人会议而未召集时，单独或合计持有本期债券总额10%以上的债券持有人也可以自行召集债券持有人会议。

除此之外，存在下列情形的，债券的受托管理人应当召开债券持有人会议：(1)拟变更债券募集说明书的约定；(2)拟修改债券持有人会议规则；(3)拟变更债券受托管理人或受托管理协定的主要内容；(4)发行人不能按期支付利息；(5)发行人减资、合并、分立、解散或者申请破产；(6)保证人、担保物或者其他偿债保障措施发生重大变化；(7)发行人管理层不能正确履行职责，导致发行人债券清偿面临严重不确定性，需要依法采取行动的；(8)发行人提出债务重组方案的；(9)发生其他对债券持有人权益有重大影响的事项。

小费阿姨：看来债券持有人会议也是保障持有人合法权益的重要制度安排呀！持有人会议有哪些规则呢？

小钟老师：债券的发行人应当在债券募集的说明书中约定持有人会议规则，投资者认购本期债券视作同意债券持有人会议规则。规则的制定应当有利于保护债券持有人的利益，明确债券持有人通过持有人会议行使权利的范围，以及持有人会议的召集、通知、决策机制和其他重要事项。

小费阿姨：这么说，债券募集的说明书是一份很重要的文件，包含了很多债券的基础信息和相关的制度安排。那债券持有人会议的召开要走哪些程序？

小钟老师:一般来说,债券持有人会议的召开经过:会议召集、会议公告、会议的召开与表决、会议通过决议的生效等环节。

小费阿姨:会议的召集是不是就您刚才介绍的一些情形?

小钟老师:对!会议召集人应至少于持有人会议召开前10个交易日发布召开持有人会议的公告。公告应当保护召集人、会务负责人姓名及联系方式,会议时间和地点,会议召开的形式,拟审议议案,债权登记日等内容。

小费阿姨:那会议的召开与表决呢,应该是重头戏吧?

小钟老师:对,债券持有人有权参加持有人会议,也可委托他人代为参会。发行人、债券清偿义务继承方等关联方及债券增信机构应当按照召集人的要求列席持有人会议。在持有人会议上,债券持有人享有投票权。一般而言,债券持有人在进行表决时,每一张未偿还的债券享有一票表决权,如果募集说明书、债券持有人会议规则等另有约定的,则从其约定。

小费阿姨:这么说,债券持有人在持有人会议上还是享有很多权利的。

小钟老师:没错。持有人会议对表决事项作出决议时,经超过持有本期未偿还债券总额且有表决权的1/2的债券持有人统一方可生效,募集说明书、债券持有人会议规则等另有约定的,从其约定。债券持有人会议通过的决议,对所有本期债券持有人均有同等约束力。

小费阿姨:谢谢小钟老师详细的介绍,债券持有人享有的权利还是很丰富的,我回去好好消化消化。

小钟老师:不客气。对于债券持有人或想投资债券的投资者来说,可以多多关注《证券法》《公司法》《公司债券发行与交易管理办法》,以及交易所《公司债券上市规则》等相关法律法规,从自身做起,多多了解相关的知识,才能更好地保护自身的合法权益。

债券持有人的权利（五）——可转换公司债券

小费阿姨：上次听您讲了很多关于债券持有人在持有人会议上拥有的权利，我回去又查阅了很多相关的法律法规，留意到可转债的相关概念，关于可转债有哪些方面需要注意的呢？

小钟老师：看来您真的是很努力呢。的确，可转换公司债券具有潜在的股权性。一般来说，可转换公司债券是指发行人依照法定程序发行、在一定期间内依据约定的条件可转换为股份的公司债券。不过，从广义上来说，其也可以转换为期权、认股权证等其他形式资产的权利。

小费阿姨：这些约定条件都包括什么内容呢？

小钟老师：这些约定的条件主要是指转换期限、转换价格等一些核心的条款，持有人肯定都是要烂熟于心的。这些条件一般会在可转债的募集说明书中予以说明。

小费阿姨：看来募集说明书还是很重要的基础资料。

小钟老师：是的，这也是债券持有人享有的知情权的一项内容。

小费阿姨：那可转换公司债券持有人享有的知情权呢？不都一样吗？

小钟老师：确实是差不多的呢。对于可转换公司债的持有人来说，其享有的知情权，是指有权了解公司涉及自己切身利益的重大经营活动和其他经营状况的权利，持有人只有充分了解这些活动状况，才能作出合理的决策，决定是否将持有的可转债转换为股权，实现可转债的投资价值和转换价值。

小费阿姨：看来，对于可转换公司债券的持有人，需要更多地关注公司治理、公司发展的重大事件。

小钟老师：是的，这些都涉及股东和债券持有人的合法权益。这些重大事项在《证券法》中都有相关的界定，包括但不限于：(1)公司经营方针和经营范围的重大变化；(2)公司的重大投资行为和重大的购置财产的决定；(3)公司订立重要合同，可能对公司的资产、负债、权益和经营成果产生重要影响；(4)公司发生重大摘取和未能清偿到期重大债务的违约情况；(5)公司发生重大亏损或者重大损失；(6)公司生产经营的外部条件发生的重大变化；(7)公司的董事、1/3 以上监事或者经理发生变动；(8)持有公司 5% 以上股份的股东或者实际控制人，其持有股份或者控制公司的情况发生较大变化；(9)公司减资、合并、分立、解散及申请破产的决定；(10)涉及公司的重大诉讼,股东大会、董事会决议被依法撤销或者宣告无效;(11)公司涉嫌范围被司法机关立案调查,公司董事、监事、高级管理人员涉嫌犯罪被司法机关采取强制措施;(12)国务院证券监督管理机构规定的其他事项。

小费阿姨:那可转换公司债券转换为公司股份后,对公司的股权结构会产生影响吗?

小钟老师:不仅仅会产生影响,还可能产生重大影响呢!根据《深圳证券交易所股票上市规则》的规定,当发行可转换公司债券的上市公司出现下列情形之一时,应及时向深圳证券交易所报告并披露:(1)因发行新股、送股、分立及其他原因引起股份变动,需要调整转股价格,或者依据募集说明书约定的转股价格向下修正条款修正转股价格的;(2)可转换公司债券转换为股票的数据累计达到可转换公司债券开始转股前公司已发行股份总额的10%;(3)公司信用状况发生重大变化,可能影响如期偿还债券本息的;(4)可转换公司债券担保人发生重大资产变动、重大诉讼,或者涉嫌合并、分立等情况等;(5)未转换的可转换公司债券数量少于3000万的;(6)有资格的信用评级机构对可转换公司债券的信用或者公司的信用进行评级,并已出具信用评级结果的;(7)可能对可转换公司债券交易价格产生重大影响的其他重大事项;(8)中国证监会和本所规定的其他情形。

小费阿姨:那以后还要关注一些其他的重要事项啊。

小钟老师:是的,债券持有人需要从真实、准备、完整、及时的原则来关注这些文件,充分了解相应的事宜,保护好自身的合法权益。

债券持有人的权利（六）——回售权

小费阿姨：小钟老师好，上次听您讲了可转换公司债券的相关知识，受益匪浅，请问还有哪些细节需要特别注意吗？

小钟老师：由于可转换公司债券兼具股权和债权性质，债券持有人在知情权、转换权等方面需予以特别关注。其实，在可转换公司债券的募集说明书中，还有一些条款也很重要，也需要注意。

小费阿姨：哪些条款？是不是也关系投资者的核心利益？

小钟老师：一般来说，为了保护可转换公司债券持有人的合法权益，增加可转换公司债券的吸引力，发行人在募集说明书中可能会设计一些回售条款，这些条款就涉及相应持有人的回售权。

小费阿姨：怎么听着像股东的股份回购请求权呢？

小钟老师：看来您已经融会贯通了。根据《上市公司证券发行管理办法》的规定，募集说明书中可以约定回售条款，债券持有人享有按事先约定的条件和价格将所持债券回售给上市公司的权利。

小费阿姨：都有哪些条件呢？

小钟老师：一般情况下，债券回售分为无条件回售和有条件回售。无条件回售，也称附加回售条款，是指无特别制定原因设定回售，一般仅有一次机会。如某公司可转债募集说明书中，设置了如下条款："在本次发行的可转换公司债券存续期内，若公司根据中国证监会的相关规定被视作改变募集资金用途或被中国证监会认定为改变募集资金用途的，可转换公司债券持有人享有一次回售的权利。"无条件回售条款相当于发行人对可转换公司债券持有人的提前兑付本息。

小费阿姨：那有条件回售呢？

小钟老师：有条件回售，是指公司股票价格在一段时期内连续低于转股价格并达到某一幅度时，可转换公司债券持有人按事先约定的价格将所持债券卖给发行人。以某公司的《公开发行可转换公司债券募集说明书》为例，其中载明："本次发行的可转换公司债券最后两个计息年度，如果公司 A 股股票在任何连续 30 个交易日的收盘价格低于当期转股价格的 70% 时，可转换公司债券持有人有权将其持有的可转换公司债券全部或部分按债券面值加上当期应计利息的价格回售给公司。"在某种意义上而言,附回售条款的债券附带了类似“看跌期权”的性质,从而增加了其期权价值。

小费阿姨:期权?似乎有点高深呢。这么说需要股票跌到一定程度才满足条件?

小钟老师:是的,其实道理都是相通的。就像看跌期权一样,有一个类似的“执行价格”。不过,即使达到条件,债券持有人也是有可能选择不行权的。

小费阿姨:还有这种操作?

小钟老师:对,这就看持有人自己如何根据市场行情进行判断和决策。据统计,2009年至2017年,附回售条款的债券平均实际回售率并不高。

小费阿姨:那是不是满足条件后,如果持有人只将持有的可转债部分回售,剩下的是不是还可以择机再回售?

小钟老师:一般而言,可转换公司债券持有人在每年回售条件首次满足后享有一次回售权,若未在公司届时公告的回售申报期内申报并实施回售的,该计息年度不应再行使回售权。也就是说,可转换公司债券持有人不能多次行使部分回售权。

小费阿姨:看来还是有很多细节需要注意呢。听您刚才介绍,是不是不止可转换公司债券才可以回售?

小钟老师:是的,有些公司债等也可能会设置回售条款,以降低发生利率风险等时产生的影响,保障债券持有人的合法权益。具体的回售条款、回售程序、实施细节等,都会在募集说明书以及后续相关的公告中给出,投资者一定要认真查阅、及时跟进,审慎决策,做理性投资人、做适格投资者。

债券持有人的权利（七）——可交换公司债券

小费阿姨：小钟老师，我又来了。

小钟老师：欢迎欢迎，有什么问题可以随时过来。

小费阿姨：就是您之前介绍了几次可转换公司债券的相关知识，我回去自己看相关法律法规的时候，又碰到了一个可交换公司债券，是不是和可转债差不多呢？

小钟老师：可交换公司债券，是指上市公司的股东依法发行、在一定期限内依据约定的条件可以交换为该股东所持有的上市公司股份的公司债券。

小费阿姨：也可以换为股票？

小钟老师：是的。可交换公司债券和可转换公司债券都是债券，都具有债性和股性，都是属于股债结合型产品。

小费阿姨：但可交换公司债券的发行人是上市公司的股东，而不是该上市公司？

小钟老师：是的。这也是二者最大的不同。

小费阿姨：是不是如果换成了上市公司的股票，产生的影响也不一样？

小钟老师：没错，您一下就看到关键点所在了。从二者的定义就能看出来，二者所换股份的来源不同，可交换债券所换股份来自发行人持有的该上市公司的股份，而可转换公司债券所换股份来自发行人未来发行的新股。因此，其对标的公司总股票和盈利指标的影响也不同。可转换债券转股会使发行人的总股本扩大，摊薄每股收益；而可交换公司债券换股不会导致标的公司的总股本发生变化，也无摊薄收益的影响。

小费阿姨：哪些股东可以发行可交换公司债券呢？应该不是随便的都可以吧？

小钟老师：根据《上市公司股东发行可交换公司债券试行规定》，持有上市公司股份的股东，可以经保荐人保荐，向中国证监会申请发行可交换公司债券。

可交换公司债券的发行是需要满足一定条件的，主要包括以下几项：(1)申请人应当是符合《公司法》《证券法》规定的有限责任公司或者股份有限公司；(2)公司组织机构健全，运行良好，内部控制制度不存在重大缺陷；(3)公司最近一期末的净资产额不少于人民币 3 亿元；(4)公司最近 3 个会计年度实现的年均可分配利润不少于公司债券一年的利息；(5)本次发行后累计公司债券余额不超过最近一期末净资产额的 40%；(6)本次发行债券的金额不超过预备用于交换的股票按募集说明书公告日前

20个交易日均价计算的市值的70%,且应当将预备用于交换的股票设定为本次发行的公司债券的担保物;(7)经资信评级机构评级,债券信用级别良好;(8)不存在《公司债券发行试点办法》第8条规定的不得发行公司债券的情形。

小费阿姨:这么说,发行的条件还是很严格的。

小钟老师:是的,这也是为了保护投资者的合法权益和维护市场的稳定。作为投资者,可以在成为适格投资者的前提下,审慎评估自身的风险承受能力,做理性的投资者。

小费阿姨:是的,不能觉得既有债性,又有股性,还带一定的期权性质,头脑一发热,就在什么都还没有搞明白的时候进场购买可交换债券。

小钟老师:万一出现了什么损失,在经营机构已经严格履行了适当性义务及一切合法合规操作的情况下,吃亏的可是自己哦。

小费阿姨:小钟老师提醒得没错。我还想了解一下,作为可交换债券,其期限、价格有什么特别的吗?

小钟老师:交换公司债券的期限最短为1年,最长为6年,每张面值人民币100元,发行价格由上市公司股东和保荐人通过市场询价确定。

小费阿姨:那我可以通过哪些文件来了解市场上的可交换债券呢?

小钟老师:最重要的文件之一是募集说明书。在募集说明书中,可以约定赎回条款,规定上市公司股东可以按事先约定的条件和价格赎回尚未换股的可交换公司债券;还可以约定回售条款,规定债券持有人可以按事先约定的条件和价格将所持债券回售给上市公司股东。

小费阿姨:看来募集说明书作为基础性文件,真的要好好看一看。

小钟老师:是的,作为投资者还可以多了解相关的法律法规,如《证券法》《公司法》《公司债券发行与交易管理办法》等。关于债券受托管理和债券持有人权益保护事项,投资者还可以参阅《公司债券发行与交易管理办法》第四章,熟悉相关的法律法规。

债券持有人的权利（八）——风险防范

小费阿姨：小钟老师，您给我介绍了债券持有人的很多权利，诸如知情权、利息支付请求权、偿还本金请求权、投票权、回售权等，那么在参与债券投资的过程中，还有哪些风险要防范呢？

小钟老师：原来已经普及了这么多了，看来您掌握得很好了呢。各种投资都有其相应的投资风险，作为一个理性的投资人、合格的投资者，需要了解相关的各种风险。对于债券投资来说，既有系统性风险，又有非系统性风险。

小费阿姨：是不是和股票差不多？

小钟老师：是的，概念上是差不多的。非系统性风险又称非市场风险，是可分散的风险，主要是对某行业或个别发行人的债券产生影响的风险。主要形式包括信用风险、流动性风险、放大交易风险、质押券欠库风险等。

小费阿姨：那系统性风险呢？

小钟老师：系统性风险又称市场风险，是不可分散的风险，主要是由于发行人外部、不为发行人所预计和控制的因素造成的风险。主要形式包括政策风险、利率风险、再投资收益率风险和购买力风险。

小费阿姨：这么多风险？那是要多多防范，多多了解。小钟老师快给我一个个讲讲。

小钟老师：信用风险，也叫违约风险，指的是发行人无法按期还本付息的风险。如果投资者购买或支持有资信评级较低的信用债，将面临较大的信用风险。这里指的信用债，是指政府之外的主体发行的约定了确定的本息偿付现金流的债券。

小费阿姨：那政府债券就没有信用风险了吗？

小钟老师：一般来说，政府债券没有信用问题或财务困难，其所面临的主要风险是利率风险和购买力风险。

小费阿姨：那利率风险不只是政府债券才可能面临的风险吧？

小钟老师：是的。债券的利率风险，是指由于利率变动而使投资者遭受损失的风险。毫无疑问，利率是影响债券价格的重要因素之一：当利率提高时，债券的价格就降低；当利率降低时，债券的价格就会上升。由于债券价格会随利率变动，所以即便是没有信用风险的国债也会存在利率风险。

小费阿姨:了解了,差不多是与生俱来的意思。那购买力风险呢?

小钟老师:购买力风险,是指由于通货膨胀导致货币购买力下降的风险,是债券投资中最常出现的一种风险。通货膨胀期间,投资者取得的实际利率等于票面利率减去通货膨胀率。若债券利率为 10% ,通货膨胀率为 8% ,则实际收益率就只有 2% 。

小费阿姨:那这么说,通货膨胀的确是谁都会碰到,也不只是债券投资的过程中才有的。那质押券欠库风险是什么?听着似乎很复杂的样子。

小钟老师:投资者通过债券回购融资时,需要提交符合要求的债券进入质押库,作为担保品。如果提交的债券因丧失质押券资格或价值下降,担保品价值将有可能无法足额覆盖融入的资金,资金融出方(或中央对手方)会要求融资方追求担保品。资金融入方如不能及时向质押库补足债券,将形成质押券欠库风险,资金融出方(或中央对手方)将依据相关规定和契约处置担保品,资金融入方可能因此而蒙受损失。

小费阿姨:是挺复杂的,感觉还涉及很多融资融券的东西。我还是先了解了解政策风险吧,听着还熟悉些。

小钟老师:虽然您可能不会有相关的操作,但也是建议多维度了解相关的风险。政策风险,是指因政策变动而对债券价值或投资者行为造成限制或制约的风险。比如,随着相关政策措施的规范化、严格化,一些运作不规范的城投类企业发行的债券偿债能力可能会引发投资者的担忧。

小费阿姨:了解了,相关政策的规范化初衷应该也是为了更好地保护投资者的合法权益。

小钟老师:您说得太对了,要谢谢您的理解和支持呢。债券投资中可能会涉及杠杆操作,投资者利用现券和回购两个品种进行债券投资的杠杆操作,既有可能放大投资收益,也有可能放大投资损失,从而带来放大交易风险。

小费阿姨:看来是把“双刃剑”呢。

小钟老师:对的,所以要充分了解其中的风险。投资者应当根据自身的财务状况、实际需求和风险承受能力,根据适当性匹配要求和相关建议,审慎决定参与债券投资。

第三节　基金份额持有人的权利

基金份额持有人享有的知情权

小费阿姨：小钟老师好，有天和邻居聊天的时候，突然想起来，我似乎还买过基金呢。那我作为基金的投资者都享有哪些权利，是不是也享有知情权？

小钟老师：作为基金份额持有人，根据《证券投资基金法》的规定，其享有以下权利：(1)分享基金财产收益；(2)参与分配清算后的剩余基金财产；(3)依法转让或者申请赎回其持有的基金份额；(4)按照规定要求召开基金份额持有人大会或者召集基金份额持有人大会；(5)对基金份额持有人大会审议事项行使表决权；(6)对基金管理人、基金托管人、基金服务机构损害其合法权益的行为依法提起诉讼；(7)基金合同约定的其他权利。

小费阿姨：看来享有的权利还是很丰富的，您先给我介绍一下简单的吧。

小钟老师：知情权是基金份额持有人享有的最基本的权利之一。基金份额持有人享有的知情权，是指有权查阅或者复制公开披露的基金信息资料；这里指的基金份额持有人主要是针对公开募集基金的，也就是公募基金的份额持有人；对于非公开募集基金即私募基金的基金份额持有人，对涉及自身利益的情况，有权查阅基金的财务会计账簿等财务资料。

小费阿姨：根据适当性的要求，我好像也买不了私募基金，也承担不了相应的风险。这些公开披露的基金信息都由谁披露呢？

小钟老师：这里涉及的信息披露义务人主要包括基金管理人、基金托管人和其他基金信息披露义务人。他们应当依法披露基金信息，并保证所披露信息的真实性、准确性和完整性。基金信息披露义务人应当确保应予披露的基金信息在国务院证券监督管理机构规定时间内披露,并保证投资人能够按照基金合同约定的时间和方式查阅或者复制公开披露的信息资料。

小费阿姨:那作为公开募集基金的份额持有人,我能查阅的公开披露的基金信息资料都有哪些呢?

小钟老师:看来您关心到点子上了。这些应该公开披露的基金信息包括以下几项:(1)基金招募说明书、基金合同、基金托管协议;(2)基金募集情况;(3)基金份额上市交易公告书;(4)基金资产净值、基金份额净值;(5)基金份额申购、赎回价格;(6)基金财产的资产组合季度报告、财务会计报告及中期和年度基金报告;(7)临时报告;(8)基金份额持有人大会决议;(9)基金管理人、基金托管人的专门基金托管部门的重大人事变动;(10)涉及基金财产、基金管理业务、基金托管业务的诉讼或者仲裁;(11)国务院证券监督管理机构规定应予披露的其他信息。

小费阿姨:这里也有临时报告啊,是不是也是涉及重大事件的情况,需要发布临时报告?

小钟老师:没错。根据《证券投资基金信息披露管理办法》的规定,基金发生重大事件,有关信息披露义务人应当在两日内编制临时报告书,予以公告,并在公开披露日分别报中国证监会和基金管理人主要办公场所所在地中国证监会派出机构备案。这里所称的重大事件,是指可能对基金份额持有人权益或者基金份额的价格产生重大影响的下列事件:基金份额持有人大会的召开;提前终止基金合同;基金扩募;延长基金合同期限;转换基金运作方式;更换基金管理人、基金托管人;基金管理人、基金托管人的法定名称、住所发生变更;基金管理人股东及其出资比例发生变更;基金募集期延长;基金管理人的董事长、总经理及其他高级管理人员、基金经理和基金托管人基金托管部门负责人发生变动;基金管理人的董事在 1 年内变更超过 50%;基金管理人、基金托管人基金托管部门的主要业务人员在 1 年内变动超过 30%;涉及基金管理人、基金财产、基金托管业务的诉讼;基金管理人、基金托管人受到监管部门的调查;基金管理人及其董事、总经理及其他高级管理人员、基金经理受到严重行政处罚,基金托管人及其基金托管部门负责人受到严重行政处罚;重大关联交易事项;基金收益分配事项;管理费、托管费等费用计提标准、计提方式和费率发生变更;基金份额净值计价错误达基金份额净值 0.5%;基金改聘会计师事务所;变更基金份额发售机构;基金更换注册登记机构;开放式基金开始办理申购、赎回;开放式基金申购、赎回费率及其收费方式发生变更;开放式基金发生巨额赎回并延期支付;开放式基金连续发生巨额赎回并暂停接受赎回申请；开放式基金暂停接受申购、赎回申请后重新接受申购、赎回；中国证监会规定的其他事项。

小费阿姨：这么多事项，有些事项我之前的确看到过，是会影响我投资的决策，很有必要及时查阅，看来以后还是要多多留意他们发布的公告。

小钟老师：看来您的权利意识已经得到了提升呢！其实《证券投资基金法》《证券投资基金信息披露管理办法》等里面有很多关于基金份额持有人享有权利的详细规定，有需要的投资者朋友可以自行查阅。

基金份额持有人享有的分红权

小费阿姨:小钟老师,您上次给我介绍了基金份额持有人享有的知情权,今天介绍哪项权利呢?

小钟老师:知情权是基金份额持有人享有的一项较为基础的,也是比较重要的权利之一,我再给您介绍一项直接关系持有人利益的分红权吧。

小费阿姨:分红权?是不是和股东的差不多,我记得股东作为“出资者”可以依照所持有的股份份额获得股利和其他形式的利益分配。

小钟老师:看来您记得很清楚呢。作为基金份额持有人,根据《证券投资基金法》的规定,享有分享基金财产收益的权利。公开募集基金的基金份额持有人按其所持基金份额享受收益和承担风险,非公开募集基金的收益分配和风险承担由基金合同约定。

小费阿姨:公募基金关于收益分配的条款,该去哪看呢?

小钟老师:其实,无论对于公募基金还是非公开基金,基金收益分配原则、执行方式都在基金合同中予以列示。

小费阿姨:收益分配由谁发放呢?

小钟老师:其实用“发放”这个词是不准确的。根据《证券投资基金法》的规定,公开募集基金的基金管理人应当按照基金合同的约定确定基金收益分配方案,及时向基金份额持有人分配收益。

小费阿姨:看来基金管理人在分配收益方面很重要呢!

小钟老师:不仅如此,基金管理人作为基金产品的募集者和管理者,是重要的基金当事人。公开募集基金的基金管理人还应当履行下列职责:(1)依法募集资金,办理基金份额的发售和登记事宜;(2)办理基金备案手续;(3)对所管理的不同基金财产分别管理、分别记账,进行证券投资;(4)进行基金会计核算并编制基金财务会计报告;(5)编制中期和年度基金报告;(6)计算并公告基金资产净值,确定基金份额申购、赎回价格;(7)办理与基金财产管理业务活动有关的信息披露事项;(8)按照规定召集基金份额持有人大会;(9)保存基金财产管理业务活动的记录、账册、报表和其他相关资料;(10)以基金管理人名义,代表基金份额持有人利益行使诉讼权利或者实施其他法律行为;(11)国务院证券监督管理机构规定的其他职责。

小费阿姨：刚漏了个重要的问题，基金收益分配原则和执行方式都有哪些呢？

小钟老师：一般而言，基金利润是指基金利息收入、投资收益、公允价值变动收益和其他收入扣除相关费用后的余额，基金已实现收益指基金利润减去公允价值变动收益后的余额。但一般分配的是基金可供分配利润，基金可供分配利润是指截至收益分配基准日基金未分配利润与未分配利润中已实现收益的孰低数。

至于基金收益分配原则，我们以某基金合同为例，该合同中曾规定："1. 在符合有关基金分红条件的前提下，本基金每年收益分配次数最多为 12 次，每次收益分配比例不得低于该次可供分配利润的 25%，若基金合同生效不满 3 个月可不进行收益分配。2. 本基金收益分配方式分两种：现金分红与红利再投资，投资者可选择现金红利或将现金红利按照除权除息日的基金份额净值自动转为相应类别的基金份额进行再投资；若投资者不选择，本基金默认的收益分配方式是现金分红。3. 基金收益分配后各类基金份额净值不能低于面值，即基金收益分配基准日的各类基金份额净值减去每单位该类基金份额收益分配金额后不能低于面值。4. 本基金各基金份额类别在费用收取上不同，其对应的可分配收益可能有所不同；本基金同一类别的每一基金份额享有同等分配权。5. 法律法规或监管机关另有规定的，从其规定。"我只是以这个作为例子，不代表任何投资建议。

小费阿姨：是不是每只基金都会分红？

小钟老师：不一定的，有些基金在基金合同中明确规定不进行分红的，投资者也要看清楚。一般而言，投资者可以自行选择分红方式，即现金分红或红利再投资。

小费阿姨：那是不是有分红的基金就比较好呢？

小钟老师：事实上，无论哪种分红方式，都不会增加持有人的资产或者收益，所以投资时不建议单纯以分红来作为判断基金好坏的标准。投资者还是应该根据自己的风险承受能力和偏好程度来选择适合自己的基金。

基金份额持有人的赎回权

小费阿姨:小钟老师,可算又见到你啦！这段时间我和老伴想来个消费升级,去欧洲玩一趟,但是现在手头又不是特别充裕。您说,我这基金可不可以转换成现金啊?

小钟老师:当然可以啦,其实这也是您作为基金份额持有人应有的权利之一呢,说得专业点儿叫作基金份额持有人的转让权和赎回权,这个权利规定在《证券投资基金法》第 46 条第 1 款第 3 项,即基金份额持有人可依法转让或者申请赎回其持有的基金份额。基金份额转让指的是,有些种类的基金,如封闭式基金、LOF 基金、ETF 基金等是可以在证券市场的二级市场里进行买卖交易的,这属于投资者和投资者之间的关系。基金份额赎回,是指投资者卖出基金份额,收回投资资金的一种行为,它是在场外交易的,属于投资者和基金公司之间发生的投资业务关系。

小费阿姨:赎回权听着挺有意思的,小钟老师今天能不能先给我讲讲这个权利呀?

小钟老师:当然没问题！赎回权又称买回权,它主要针对的是开放式基金,是指投资者以自己的名义直接或通过代理机构向基金管理公司要求部分或全部退出基金的投资,并将买回款汇至该投资者的账户内。在一般情况下,在基金合同到期时,或投资者出于已获理想收益等原因,不打算继续持有基金份额时,可以申请基金赎回。

小费阿姨:主要针对的是开放式基金?是不是还有一类封闭式基金,封闭式基金就不能赎回吗?

小钟老师:您懂得还真不少！这两类基金是根据基金的运作方式进行的分类。根据《证券投资基金法》第 45 条第 2 款的规定,采用封闭式运作方式的基金(封闭式基金),是指基金份额总额在基金合同期限内固定不变,基金份额持有人不得申请赎回的基金;采用开放式运作的基金(开放式基金),是指基金份额总额不固定,基金份额可以在基金合同约定的时间和场所申购或者赎回的基金。

开放式基金与封闭式基金的赎回条件不同,开放式基金在封闭期结束后,就可进行正常赎回;而封闭式基金常年闭关,一般只有等到合同到期,转换为开放式基金后,才能申请赎回。

小费阿姨:那我明白了,封闭式基金若想赎回只有等合同到期或者转换成开放式了，这赎回条件还真严苛，怪不得小钟老师刚才说赎回主要针对的是开放式基金呢。那赎回场所在哪里啊？

小钟老师：持有人可持相关证件，到基金管理公司指定场所办理。随着网络科技的广泛运用，目前很多基金公司陆续开通了网上赎回业务，您可选择足不出户，在家办理呢！

小费阿姨：那有数额限制吗？我其实还想留一部分基金继续赚钱呢。

小钟老师：确实有数额限制。如果赎回导致基金份额持有人持有的基金份额余额不足1000份时，余额部分基金份额必须一同全部赎回；基金管理人也可根据市场情况，在法律法规允许的情况下，调整上述对赎回的份额的数量限制，基金管理人必须在调整生效前依照《证券投资基金信息披露管理办法》的有关规定，至少在一家指定媒体及基金管理人网站公告并报中国证监会备案。

小费阿姨：明白了，那我申请赎回之后马上就能受理吗？

小钟老师：基金赎回一般需要经过两个工作日系统确认，之后再清算。一般的开放式基金赎回的流程为：T日申报，T+1已报，T+2已成。报单当日（T日）显示未报是正常的，即使是在14:50左右下单，只要委托查询里面查询到有记录，一般来说会在第二个交易日（T+1日）变为已报，第三个交易日（T+2日）变为已成。之后再经过清算。所以一般开放式基金赎回到账需要4个工作日左右。

当然，还会出现延期办理的情况。这里先跟您解释一个概念，叫作“巨额赎回”，指的是单个开放日基金净额赎回申请超过基金总份额的10%时的赎回。在出现巨额赎回时，基金管理人可以根据基金当时的资产组合状况决定接受全额赎回或部分延期赎回。当基金管理人认为有能力兑付投资者的全额赎回申请时，可按正常赎回程序执行。当基金管理人认为兑付持有人的赎回申请有困难，或认为兑付持有人的赎回申请进行的资产变现可能使基金份额净值发生较大波动时，基金管理人可以在当日接受赎回比例不低于上一日基金总份额10%的前提下，对其余赎回申请延期办理。通俗点说，就是当发生特殊情况，比如持有人一次性申请赎回的金额过大，或者出现“扎堆”申请赎回的情况时，基金公司还会视情况对部分赎回进行延期处理。

小费阿姨：4天就能到账，那还挺快的，希望不要碰到巨额赎回的情况。学到很多知识，太感谢小钟老师了！我这就去申请赎回基金，和你叔叔去欧洲好好玩一趟。

小钟老师：您客气啦！最后还要提醒您，基金市场变幻莫测，投资者应全面分析市场行情，选择恰当时机赎回基金，方能获得最大收益呢！

基金份额持有人的诉讼请求权

小费阿姨:小钟老师,最近我遇到烦心事儿了,想请您帮我出谋划策!

小钟老师:小费阿姨,您尽管说吧!

小费阿姨:小钟老师,我半年前买了××基金公司的基金,当时业务员拍着胸脯向我保证,说这个基金稳赚不赔,还写进了基金合同里,我头脑一热就投了好多钱。结果这只基金赔了,我急得都上火了!

小钟老师:小费阿姨,法律规定基金管理人是不能承诺收益的,他的做法已经触犯法律了!

小费阿姨:啊?我可是听了他的承诺才投了这么多钱的呀!

小钟老师:阿姨别急,司法是维护社会公平正义的最后一道防线,中小投资者可以用法律的武器保护自己的合法权益。《证券投资基金法》规定了基金份额持有人的诉讼请求权,基金份额持有人可以对基金管理人、基金托管人、基金服务机构损害其合法权益的行为依法提起诉讼。

小费阿姨:我明白了,也就是说我可以通过“打官司”维权!那还请小钟老师讲讲作为基金投资者,在哪些情况下我能去法院起诉?借此机会,我也好好学习下法律知识。

小钟老师:之前我给您介绍基金份额持有人的分红权时,提到了公开募集基金的基金管理人应当履行的十几项职责,如应当依法募集资金等。同时,《证券投资基金法》规定,公开募集基金的基金管理人及其董事、监事、高级管理人员和其他从业人员不得有下列行为:(1)将其固有财产或者他人财产混同于基金财产从事证券投资;(2)不公平地对待其管理的不同基金财产;(3)利用基金财产或者职务之便为基金份额持有人以外的人牟取利益;(4)向基金份额持有人违规承诺收益或者承担损失;(5)侵占、挪用基金财产;(6)泄露因职务便利获取的未公开信息、利用该信息从事或者明示、暗示他人从事相关的交易活动;(7)玩忽职守,不按照规定履行职责;(8)法律、行政法规和国务院证券监督管理机构规定禁止的其他行为。

另外,基金托管人也是重要的基金当事人,也叫基金保管人,是在证券投资基金运作中承担资产保管、交易监督、信息披露、资金清算与会计核算等相应职责的当事人。基金托管人应当履行下列职责:(1)安全保管基金财产;(2)按照规定开设基金财产的资金账户和证券账户;(3)对所托管的不同基金财产分别设置账户,确保基金财产的完整与独立；(4)保存基金托管业务活动的记录、账册、报表和其他相关资料；(5)按照基金合同的约定，根据基金管理人的投资指令，及时办理清算、交割事宜；(6)办理与基金托管业务活动有关的信息披露事项；(7)对基金财务会计报告、中期和年度基金报告出具意见；(8)复核、审查基金管理人计算的基金资产净值和基金份额申购、赎回价格；(9)按照规定召集基金份额持有人大会；(10)按照规定监督基金管理人的投资运作；(11)国务院证券监督管理机构规定的其他职责。

基金管理人和基金托管人违反以上法律规定，损害了基金份额持有人的合法权益的，基金份额持有人可以向人民法院提起诉讼。

小费阿姨：那诉讼时间有限制吗？我好像听邻居说，去法院打官司的时效是2年？

小钟老师：小费阿姨，这里需要和您强调一下，2017年10月1日《民法总则》正式颁布实施，由此，普通诉讼时效从过去的2年变为3年。《民法总则》第188条第1款规定，“向人民法院请求保护民事权利的诉讼时效期间为三年。法律另有规定的，依照其规定”。

小费阿姨：多谢小钟老师提醒，普通诉讼时效为3年。那从何时开始计算呢？

小钟老师：诉讼时效期间自权利人知道或者应当知道权利受到损害以及义务人之日起计算。法律另有规定的，依照其规定。但是自权利受到损害之日起超过20年的，人民法院不予保护；有特殊情况的，人民法院可以根据权利人的申请决定延长。另外，诉讼时效也是可以出于一些情况中止、中断的。比如，在诉讼时效期间的最后6个月内，因下列障碍，不能行使请求权的，诉讼时效中止：(1)不可抗力；(2)无民事行为能力人或者限制民事行为能力人没有法定代理人，或者法定代理人死亡、丧失民事行为能力、丧失代理权；(3)继承开始后未确定继承人或者遗产管理人；(4)权利人被义务人或者其他人控制；(5)其他导致权利人不能行使请求权的障碍。自中止时效的原因消除之日起满6个月，诉讼时效期间届满。

有下列情形之一的，诉讼时效中断，从中断、有关程序终结时起，诉讼时效期间重新计算：(1)权利人向义务人提出履行请求；(2)义务人同意履行义务；(3)权利人提起诉讼或者申请仲裁；(4)与提起诉讼或者申请仲裁具有同等效力的其他情形。

小费阿姨：谢谢小钟老师！

小钟老师：不客气，最后还要提醒您，诉讼也是存在败诉风险的，要结合具体情况量力而行。当然，中小投资者要学会用法律武器保护自己的权益，这不仅涉及投资者自身利益，更是为促进我国资本市场的健康发展作贡献。

基金份额持有人大会知多少（一）

小费阿姨:小钟老师,好久不见。我之前购买了一家基金公司的基金,看他们公告,最近要开基金持有人大会了,可是我对基金持有人大会并不了解,想请您解答疑惑。

小钟老师:当然可以。基金份额持有人大会,是指当发生影响基金当事人的权益或其他重大事项需要商讨和解决时,按照《基金合同》有关规定召集、召开并由基金份额持有人进行表决的会议。您作为该基金的持有人,是基金份额持有人大会的参与对象。

小费阿姨:我好像有些明白了,基金份额持有人大会有些类似于上市公司的股东大会,对吗?

小钟老师:小费阿姨,您说得有道理。基金持有人组成的基金份额持有人大会,是公司型基金与契约型基金的最高权力机构。就公司型基金而言,基金份额持有人大会相当于基金的股东大会,因此,与基金持有人大会有关的条款可以参照《公司法》等在基金公司章程中作出规定;就契约型基金而言,则应在基金契约中加以说明。

小费阿姨:这个基金份额持有人大会是所有基金份额持有人都可以要求召开的吗?

小钟老师:并不是这样的,基金份额持有人大会的召开需要依据《证券投资基金法》的相关规定。依据《证券投资基金法》第83条的规定,基金份额持有人大会由基金管理人召集,基金管理人未按规定召集或者不能召集时,由基金托管人或者代表10%以上基金份额的持有人召集。

小费阿姨:这次基金份额持有人大会公告用书面的方式进行表决,小钟老师,这样是否合法呀?

小钟老师:您不用担心,法律规定了基金份额持有人大会有现场开会和通信方式召开两种方式。现场开会由基金持有人本人出席或以代理投票授权委托书委派代表出席。通信方式开会应以书面方式进行表决。考虑到现场方式召开基金份额持有人大会的成本较高,因此,法律允许利用信件、电子邮件等联系方式进行会议的通知、公告、提出议题、讨论和提交表决,其法律效力与现场方式召开相同,主要是收集基金份额持有人对审议事项的意见并进行表决。

小费阿姨:关于基金份额持有人表决方面的规定是怎样呢?哪些事项需要持有1/2以上表决权的通过呢?哪些必须要2/3以上表决权通过呢?

小钟老师:转换基金的运作方式、更换基金管理人或者基金托管人、提前终止基金合同、与其他基金合并,应当经参加大会的基金份额持有人所持表决权的2/3以上通过。其他事项需经参加大会的基金份额持有人所持表决权的1/2以上通过。

小费阿姨:原来这基金持有人大会里的学问还真不少,小钟老师,非常感谢您的帮助,我回去再好好研究研究。

小钟老师:好呀,下面让孟博士作法律方面的解读。

孟博士解读

下面我们来看一下我国《证券投资基金法》中有关规定:

第八十三条　基金份额持有人大会由基金管理人召集。基金份额持有人大会设立日常机构的,由该日常机构召集;该日常机构未召集的,由基金管理人召集。基金管理人未按规定召集或者不能召集的,由基金托管人召集。

代表基金份额百分之十以上的基金份额持有人就同一事项要求召开基金份额持有人大会,而基金份额持有人大会的日常机构、基金管理人、基金托管人都不召集的,代表基金份额百分之十以上的基金份额持有人有权自行召集,并报国务院证券监督管理机构备案。

第八十四条　召开基金份额持有人大会,召集人应当至少提前三十日公告基金份额持有人大会的召开时间、会议形式、审议事项、议事程序和表决方式等事项。

基金份额持有人大会不得就未经公告的事项进行表决。

第八十五条　基金份额持有人大会可以采取现场方式召开,也可以采取通讯等方式召开。

每一基金份额具有一票表决权,基金份额持有人可以委托代理人出席基金份额持有人大会并行使表决权。

第八十六条　基金份额持有人大会应当有代表二分之一以上基金份额的持有人参加,方可召开。

参加基金份额持有人大会的持有人的基金份额低于前款规定比例的,召集人可以在原公告的基金份额持有人大会召开时间的三个月以后、六个月以内,就原定审议事项重新召集基金份额持有人大会。重新召集的基金份额持有人大会应当有代表三分之一以上基金份额的持有人参加,方可召开。

基金份额持有人大会就审议事项作出决定,应当经参加大会的基金份额持有人所持表决权的二分之一以上通过;但是,转换基金的运作方式、更换基金管理人或者基金托管人、提前终止基金合同、与其他基金合并,应当经参加大会的基金份额持有人所持表决权的三分之二以上通过。

基金份额持有人大会决定的事项,应当依法报国务院证券监督管理机构备案,并予以公告。

基金份额持有人大会知多少（二）

小费阿姨：小钟老师，可算又遇到您了！之前我参加了某基金份额持有人大会，在参会过程中，我还发现了一些问题，想向您请教一下。

小钟老师：好呀，您有什么问题请尽管问。

小费阿姨：小钟老师，我发现有不少基金持有人没有参加基金份额持有人大会，基金份额持有人大会可能因为参与的人太少而无法召开吗？

小钟老师：法律规定基金份额持有人大会应当有代表1/2以上基金份额的持有人参加，才可以召开。如果参加基金份额持有人大会的持有人基金份额低于这个比例，召集人可以在原公告的基金份额持有人大会召开时间的3个月以后、6个月以内，就原定审议事项重新召集基金份额持有人大会。重新召集的基金份额持有人大会应当有代表1/3以上基金份额的持有人参加。

小费阿姨：基金份额持有人大会可以对哪些事项进行表决呢？

小钟老师：基金份额持有人大会商讨和解决发生影响基金当事人的权益或其他重大事项，如决定基金扩募或者延长基金合同期限、决定修改基金合同的重要内容或者提前终止基金合同、决定更换基金管理人、基金托管人、决定调整基金管理人、基金托管人的报酬标准、基金合同约定的其他职权等。

小费阿姨：一家基金可以不设基金份额持有人大会吗？

小钟老师：设立基金份额持有人大会及其日常机构是《证券投资基金法》的要求，同时，基金份额持有人大会及其日常机构的设立有助于加强基金治理，有助于保护持有人利益。依照基金合同约定，基金份额持有人大会可以设立日常机构，行使召集基金份额持有人大会，提请更换基金管理人、基金托管人，监督基金管理人的投资运作、基金托管人的托管活动，提请调整基金管理人、基金托管人的报酬标准，基金合同约定等职权。日常机构则由基金份额持有人大会选举产生的人员组成，其议事规则由基金合同约定。

小费阿姨：在基金份额持有人大会上，我们可以讨论表决基金具体的投资管理的问题吗？

小钟老师：这是不可以的。法律规定基金份额持有人大会及其日常机构不得直接参与或者干涉基金的投资管理活动。

小费阿姨:小钟老师,我有些担心基金管理人或者基金托管人利用基金份额持有人大会侵害我们这些持有人的权益。我该如何维护自己的权益呢?

小钟老师:我国《证券投资基金法》规定了基金管理人或者基金托管人不按照规定召集基金份额持有人大会的,可以进行罚款、警告、暂停或者撤销基金从业资格等措施。这个规定对基金管理人和托管人有一定的震慑作用。如果基金管理人、基金托管人确实损害了持有人合法权益,持有人可依法提起诉讼。

小费阿姨:小钟老师,真是太感谢了!

小钟老师:不客气。下面,我们请孟博士为您详细解读下相关法律法规。

孟博士解读

下面我们来看一下我国《证券投资基金法》中有关的法律法规:

第四十六条 基金份额持有人享有下列权利:

(一)分享基金财产收益;

(二)参与分配清算后的剩余基金财产;

(三)依法转让或者申请赎回其持有的基金份额;

(四)按照规定要求召开基金份额持有人大会或者召集基金份额持有人大会;

(五)对基金份额持有人大会审议事项行使表决权;

(六)对基金管理人、基金托管人、基金服务机构损害其合法权益的行为依法提起诉讼;

(七)基金合同约定的其他权利。

公开募集基金的基金份额持有人有权查阅或者复制公开披露的基金信息资料;非公开募集基金的基金份额持有人对涉及自身利益的情况,有权查阅基金的财务会计账簿等财务资料。

第四十七条 基金份额持有人大会由全体基金份额持有人组成,行使下列职权:

(一)决定基金扩募或者延长基金合同期限;

(二)决定修改基金合同的重要内容或者提前终止基金合同;

(三)决定更换基金管理人、基金托管人;

(四)决定调整基金管理人、基金托管人的报酬标准;

(五)基金合同约定的其他职权。

第四十八条 按照基金合同约定,基金份额持有人大会可以设立日常机构,行使下列职权：

（一）召集基金份额持有人大会；

（二）提请更换基金管理人、基金托管人；

（三）监督基金管理人的投资运作、基金托管人的托管活动；

（四）提请调整基金管理人、基金托管人的报酬标准；

（五）基金合同约定的其他职权。

前款规定的日常机构，由基金份额持有人大会选举产生的人员组成；其议事规则，由基金合同约定。

第四十九条　基金份额持有人大会及其日常机构不得直接参与或者干涉基金的投资管理活动。

第一百三十二条　基金管理人或者基金托管人不按照规定召集基金份额持有人大会的，责令改正，可以处五万元以下罚款；对直接负责的主管人员和其他直接责任人员给予警告，暂停或者撤销基金从业资格。

基金信息披露知多少

小费阿姨:小钟老师好,听您讲了作为基金份额持有人享有的知情权,我了解了作为基金的投资者享有的这一基本权利。想问一下,知情权中提到的信息披露到底是指什么呀?

小钟老师:基金信息披露,是指基金市场上有关当事人在基金募集、上市交易、投资运作等一系列环节中,依照法律法规规定向社会公众进行的信息披露。

小费阿姨:那这些信息披露定期发布吗?我应该什么时候去查看呢?

小钟老师:信息披露义务人会定期披露日常经营信息,并对重大事项进行及时披露,上次我们主要讲了有关重大事项的及时披露,这次我们来重点说说有关日常经营信息的定期披露吧。

定期信息披露可分为季度信息披露和年度信息披露。季度信息披露需要信息披露义务人在每个季度结束之日起的10个工作日以内,向投资者披露基金净值、主要财务指标以及投资组合情况等信息。而年度信息披露的内容则更复杂和详细一些,即在每个财政年度结束之日起4个月以内,信息披露义务人需向投资者披露期末基金净值和基金份额总额;基金的财务情况;基金投资运作情况和运用杠杆情况;投资者的账户信息(包括实缴出资额、未缴出资额以及报告期末所持有的基金份额总额等一系列相关信息);投资收益分配和损失承担情况;基金管理人取得的管理费和业绩报酬(包括计提基准、计提方式和支付方式)以及基金合同约定的其他信息。

小费阿姨:好的,那我明白了,我一定会定期及时查阅,真正行使我们作为基金份额持有人享有的知情权。

小钟老师:对,积极行权的意识是非常重要的。另外,还要给您提醒一点,在基金信息披露的内容里是有一些禁止行为的。例如,基金信息披露义务人不可以在信息披露中对证券投资业绩进行预测;不得违规承诺收益或者承担损失;不得有虚假记载(将不存在的情况作为事实记载在信息披露报告里)、误导性陈述(在信息披露里使用带误导性的陈述使投资者对基金投资行为发生错误判断并产生重大影响)以及重大遗漏(信息披露报告中有意隐瞒或者未披露应当披露的信息,以致影响投资者做出正确的投资决策)等行为,上述的这三类行为会严重扰乱市场正常秩序,侵害投资者合法权益,属于重大违法行为。您作为投资者一定要擦亮眼睛,切实地维护自身的合法权益。除此之外,信息披露报告中还有其他禁止行为,譬如,登载任何自然人、法人或者其他组织的祝贺性、恭维性或推荐性的文字;诋毁其他基金管理人或者基金销售机构以及存在中国证监会禁止的其他行为。

小费阿姨:那我知道了,我以后查看信息披露报告的时候一定要多留个心眼,不能盲目地听之任之。

小钟老师:是的,您有这样的权利意识很好!当然基金信息披露对于您作为投资者和整个市场都是很有帮助的。就市场而言,基金信息披露有利于提高市场的整体效率,通过强制性信息披露,可以迫使市场的隐藏信息得以及时和充分地公开。对于基金份额持有人来说,会有利于帮助您作出更好的投资决策判断,通过信息披露基金投资组合、历史业绩和风险状况等,能让投资者充分了解基金经理的管理水平,知悉持有的基金投资是否符合当初基金合同的承诺,从而作出更准确的投资判断。

接下来,将由孟博士给您详细介绍相关法律对基金信息披露的一些规定。

孟博士解读

我国《证券投资基金法》第七章第75条规定了基金管理人、基金托管人和其他基金信息披露义务人应当披露的基金信息,并保证所披露信息的真实性、准确性和完整性。

第七十六条　基金信息披露义务人应当确保应予披露的基金信息在国务院证券监督管理机构规定时间内披露,并保证投资人能够按照基金合同约定的时间和方式查阅或者复制公开披露的信息资料。

第七十八条　公开披露基金信息,不得有下列行为:

(一)虚假记载、误导性陈述或者重大遗漏;

(二)对证券投资业绩进行预测;

(三)违规承诺收益或者承担损失;

(四)诋毁其他基金管理人、基金托管人或者基金销售机构;

(五)法律、行政法规和国务院证券监督管理机构规定禁止的其他行为。

基金销售的适用性　你了解吗（一）

小费阿姨:小钟老师好,之前您给我们讲过《证券期货投资者适当性管理办法》,最近我正打算买点儿基金产品,可以再请您给我讲解一下基金销售的相关知识吗?

小钟老师:当然没问题,那就讲讲基金销售的适用性问题吧。基金销售的适用性,是指基金销售机构在销售基金和相关产品的过程中,注重根据基金投资人的风险承受能力销售不同等级的产品。也就是上次跟您提到的,把合适的产品卖给合适的基金投资人。

小费阿姨:这样呀,那我知道了,可是我想请问一下,如何判断基金公司是否有将基金销售适用性落到实处呢?

小钟老师:基金销售适用性有以下几个指导原则,您可以多多留意一下,避免自己的合法权益在不知情的情况下受到损害。(1)投资者利益优先原则:当基金销售机构或基金销售人员的利益与投资者的利益发生冲突时,应当优先保障投资者——也就是您的合法权益。(2)全面性原则:基金销售机构应当将投资者适当性管理作为内部控制的组成部分,将销售适用性贯穿于基金销售的各个业务环节,对基金管理人、基金产品和基金投资人都要了解并做出评价。(3)客观性原则:基金销售机构应当建立科学合理的方法,设置必要的标准和流程,保证适当性管理的实施。(4)及时性原则:基金产品或者服务的风险评价和投资者的风险承受能力评价应当根据实际情况及时更新。(5)有效性原则:通过建立科学的投资者适当性管理制度与方法,确保投资者适当性管理的有效执行。(6)差异性原则:基金募集机构应当对投资者进行分类管理,对普通投资者和专业投资者实施差别适当性管理,履行差别适当性业务。您作为普通投资者,对于所有投资者都"一把抓"的基金销售机构,一定要当心呀。

小费阿姨:好的,谢谢小钟老师的提醒,我以后一定要多多关注一下这些方面。除此之外,您可以给我讲讲如何知悉哪个基金产品是适合我的呢?

小钟老师:这您可就问到点子上了!您可以将基金产品的风险评估作为判断的依据之一。基金产品的风险评价由基金销售机构的特定部门完成,也可以由第三方的基金评级与评价机构提供。根据《基金募集机构投资者适当性管理实施指引(试行)》第 38 条的规定,基金产品或者服务的风险等级应当按照风险由低到高顺序,至少划分为 R1、R2、R3、R4、R5 这五个等级,您可以按照自身能承受的风险审慎选择合适的产品。

基金风险的评价应当至少依据以下四个要素进行:(1)基金招募说明书所明示的投资方向、投资范围和投资比例;(2)基金的历史规模和持仓比例;(3)基金的过往业绩及基金净值的历史波动程度;(4)基金成立以来有无违规行为发生。与此同时,还应综合考虑如流动性、到期时限、杠杆情况、结构复杂性、投资最低金额、募集方式等其他因素。

小费阿姨:原来选基金里面还有这么大的学问,看来以后还是要多加学习呀,可不能单单只看基金的涨跌情况就随意做出买卖的决定呢。

小钟老师:是的,您能有这样的意识真的太好了,审慎考虑,学会积极地维护自己的合法权益。普通投资者还是要多加留意除了基金的业绩以外其他的重要注意事项。接下来,我们还是听听孟博士给您详细介绍一下相关法律对基金销售适用性是怎么规定的吧!

孟博士解读

中国证监会于2016年12月12日颁布的《证券期货投资者适当性管理办法》第3条向投资者销售证券期货产品或者提供证券期货服务的机构(以下简称经营机构)应当遵守法律、行政法规、本办法及其他有关规定,在销售产品或者提供服务的过程中,勤勉尽责,审慎履职,全面了解投资者情况,深入调查分析产品或者服务信息,科学有效评估,充分揭示风险,基于投资者的不同风险承受能力以及产品或者服务的不同风险等级等因素,提出明确的适当性匹配意见,将适当的产品或者服务销售或者提供给适合的投资者,并对违法违规行为承担法律责任。

《证券期货投资者适当性管理办法》第4条规定:"投资者应当在了解产品或者服务情况,听取经营机构适当性意见的基础上,根据自身能力审慎决策,独立承担投资风险。经营机构的适当性匹配意见不表明其对产品或者服务的风险和收益做出实质性判断或者保证。"

除了《证券期货投资者适当性管理办法》外,证监会还出台了《证券投资基金销售适用性指导意见》,中国证券投资基金业协会也出台了《基金募集机构投资者适当性管理实施指引(试行)》,投资者可以多多了解相关的法律法规,做合格的投资者、做理性的基金份额持有人。

基金销售的适用性　你了解吗（二）

小费阿姨:小钟老师,上次您关于基金销售的适用性专门给我们讲了一堂课,这次我去购买基金的时候又碰到新的问题,想再来请教一下您。

小钟老师:没问题没问题,能帮到中小投资者是我的荣幸,您快请说吧。

小费阿姨:是这样的,小钟老师,这次我去买基金的时候,他们告知我,有一款基金是仅针对专业投资者销售的,根据《证券期货投资者适当性管理办法》,我是不是无法购买呀?

小钟老师:是的,如果您不符合专业投资者的条件,可能在购买某些基金产品的时候,需要更加审慎。我给您详细列举一下专业投资者的条件吧,要成为专业的自然人投资者,需要同时符合下列条件:金融资产不低于500万元,或者最近3年个人年均收入不低于50万元;具有2年以上证券、基金、期货、黄金、外汇等投资经历;或者具有2年以上金融产品设计、投资、风险管理及相关工作经历,或者经有关金融监管部门批准设立的金融机构的高级管理人员、获得职业资格认证的从事金融相关业务的注册会计师和律师。

小费阿姨:哎呀,原来这个里面还有这么大的"门道",那如果符合上述条件,如何从普通投资者转换成专业投资者呢?

小钟老师:普通投资者申请成为专业投资者,应当以书面形式向基金销售机构提出申请并确认自主承担可能产生的风险和后果,并提供相关的证明材料。经营机构收到申请以后,还需通过追加了解信息、投资知识测试或者模拟交易等方式对投资者进行谨慎评估,确认其符合成为专业投资者的要求,说明对不同类别投资者履行适当性义务的差别,警示可能承担的投资风险,并及时告知投资者申请的审查结果及其理由。还有一点需要特别提示您,符合条件的普通投资者在申请转换成为专业投资者时,基金销售机构是有权自主决定是否同意其转化的,所以,不一定您符合了条件以后,就一定能成为专业投资者。

小费阿姨:原来是这样,我还以为直接申请就能通过呢,现在明白了。

小钟老师:您太客气啦,根据中国证监会第130号令《证券期货投资者适当性管理办法》第7条的规定,投资者分为普通投资者与专业投资者。普通投资者在信息告知、风险警示、适当性匹配等方面享有特别保护。所以,如果您想成为一名专业的投资者可一定要谨慎考虑,切不可只是因为想购买某些特定的基金产品就盲目决定。

小费阿姨:确实如此,还是要购买与自己风险相匹配的合适的基金产品。

小钟老师:没错!根据中基协2017年发布的《基金募集机构投资者适当性管理指引(试行)》第26条规定,专业投资者之外的,符合法律、法规要求,可以从事基金交易活动的投资者为普通投资者。基金募集机构要按照风险承受能力,将普通投资者由低到高至少分为C1(含风险承受能力最低级别)、C2、C3、C4、C5五种类型。其第44条规定,基金募集机构要根据普通投资者风险承受能力和基金产品或者服务的风险等级建立以下适当性匹配原则:(1)C1型(含风险承受能力最低级别)普通投资者可以购买R1级基金产品或者服务;(2)C2型普通投资者可以购买R2级及以下风险等级的基金产品或者服务;(3)C3型普通投资者可以购买R3级及以下风险等级的基金产品或者服务;(4)C4型普通投资者可以购买R4级及以下风险等级的基金产品或者服务;(5)C5型普通投资者可以购买R5级及以下风险等级的基金产品或者服务。所以,您以后就可以结合自己的风险承受能力审慎评估并选择适合您的基金产品了。

小费阿姨:谢谢小钟老师,我一定会多多学习,认真评估基金产品的风险后再选择适合我自己的那款。

小钟老师:是的,您能有这样的意识真的是太好了。作为一名合格的投资者,您可要注意不能单凭基金的收益情况就随意盲目跟风做出买卖决定。

第二章

行权小贴士

Handbook on Interests and Rights of Investors

第一节　行权知识介绍

积极行权才有权益保障

事件摘要

投服中心在 2017 年和 2018 年上半年对上市公司章程进行了集中梳理，针对投票机制、分红制度等方面的条款，整理出在中小投资者权益保护方面存在的疏漏的上市公司名单，并发送了股东建议函。大部分公司按照相关要求修改了章程，譬如，在利润分配的决策审议程序中添加了“应当通过多种渠道与股东特别是中小股东进行沟通和交流，如通过公众信箱、电话、公开征集意见等方式，充分听取中小股东的意见和诉求”等条款。

投服中心在后续的行权工作中，曾询问一些公司接听投资者电话、收发投资者邮件的具体情况，发现有些公司含糊其词，表示无法掌握所有公众投资者的电话和邮箱，难以主动向投资者征求意见，“如果股东不给我们打电话，我们也没办法”。

事件分析

一方面，这反映出公司在主动征求中小投资者意见时存在障碍；另一方面，也反映出广大中小投资者行使权利方面的不主动。如果股东怠于主张自身权利，即使有法律法规，也难以“保障”权利的实现。

《上市公司股东大会规则(2016 年修订)》《上市公司章程指引(2016 年修订)》等规章规定：股东大会审议影响中小投资者利益的重大事项时，对中小投资者表决应当单独计票；公司应在章程中载明，公司董事会、股东大会对利润分配尤其是现金分红事项的决策程序和机制，对既定利润分配政策尤其是现金分红政策作出调整的具体条件、决策程序和机制,以及为充分听取独立董事和中小股东意见所采取的措施。绝大部分上市公司都会按照有关规定的要求,在章程中设置"通过公众信箱、电话、公开征集意见等方式,充分听取中小股东的意见和诉求"的条款,但这些都只能从原则上约束公司去重视中小股东意见,而不能强制公司去令默不作声的股东说话。因此,中小股东想维护自己的权利,特别是知情权,就应该积极主动地去要求,充分发挥相关规章的保障作用,被动等待会让权利像水中月一样——看得见却捞不着。

投服点评

在投服中心的行权工作中,经常遇到中小股东行权不积极的情况,譬如,股东大会上议案表决时,仅有个别中小股东通过网络进行投票。中小股东怠于行权的原因大体可分为三类,有的股东认为自己没有话语权而不愿意行权,有的股东认为自己水平有限而主动放弃行权,还有的股东抱着侥幸心理,损失发生后才想要维权。

投服中心认为,中小股东"股微言轻"不可避免,但这恰恰说明中小股东的权利要自己努力去争取而不是自愿放弃。积极行权是一种事前防范、规避风险的行为,如果等到损失真的发生,再去维权也只能是亡羊补牢。股东的权利对应的是公司的义务,股东只要正当地行使权利,公司就没有理由拒绝。广大中小投资者应该多了解相关法律和专业知识,大胆、理性地行使合法权利,利用多种渠道积极向公司表达意见,努力维护自身权益。

行权贴士

1. 上市公司的定期报告、融资或交易活动进展、重要会议及其决议、人事变动等重要信息都会通过公告的形式予以披露,较权威的披露平台有巨潮资讯网、证监会官方网站、上海证券交易所官方网站、深圳证券交易所官方网站等,各证券公司的交易软件通常也会提供公司的公告信息。

2. 如果想对公司的利润分配提出意见,可以关注上市公司分红预案的发布和年度股东大会的召开,通过电话建议、投票表决等方式来表达意见、行使股东权利。

(1)一般情况下,每年年报中的第五节"重大事项"中,公司会披露当年的利润分配计划,股东也可以在会计年度结束后就开始关注公司的业绩预告、年报披露时间。

(2)年度股东大会应当于上一会计年度结束后的6个月内举行,年度报告一般都会被提交审议;公司一般会提前1~2个月公告年度股东大会的召开通知,其中包含公司的联系电话和地址。

3. 如果不能现场行权,可以通过网络投票进行表决,投资者一定要注意网络投票规则,理性行权,提高投票质量。

(1)投票平台:交易所交易系统、互联网投票系统(上交所:vote. sseinfo. com;深交所:wltp. cninfo. com. cn)。

(2)投票时间:股东大会召开当日的9:15 至15:00(上交所);股东大会召开前一日15:00 至召开当日15:00(深交所)。

(3)登录认证:在股权登记日以前就持有上市公司股票的股东,可以登录互联网投票平台登录并进行股东身份认证,完成后填写公司证券代码,参加网络投票。

小股东如何参加股东大会行使权利

冯大爷:小钟老师您好,我从新闻报道上得知,2018 年 3 月至 6 月,投服中心在上市公司年度股东大会召开季集中参加了 100 场上市公司年度股东大会,现场行使股东权利。我自己买了几家上市公司的股票,也很关心这些公司的生产经营情况。我也想学投服中心去现场参会、积极行使股东权利。请问像我这样的小股东参加股东大会有哪些权利呢?

小钟老师:股东有权出席股东大会、对上市公司经营和相关议案提出建议和质询,并行使相应的表决权。

冯大爷:我该怎么报名呢?

小钟老师:留意上市公司的公告。上市公司会在年度股东大会召开 20 日前发布《股东大会的通知》,其中会写明所有提案的具体内容、会议时间、地点和股权登记日。股东按照《股东大会的通知》中所列的要求,将相关资料以传真或邮寄等方式发送至上市公司进行参会登记。

冯大爷:登记后,我还要做哪些准备工作呢?

小钟老师:首先是提前阅读审议的议案,了解议案内容和公司的经营情况。如打算现场提问,可提前准备好提问问题,但提问应与会议的议题相关。其次是在参会前应仔细核对是否携带了股票账户卡、身份证原件等参会资料,如委托他人参加的,受托人还应当携带自己的身份证和委托人亲笔签名的授权委托书。

冯大爷:我只是个小股东,现场有那么多公司高管和大股东,万一公司工作人员不让我说话怎么办?

小钟老师:只要是公司股东就可以对公司经营和相关议案提出建议和质询,公司相关董事、监事或高级管理人员应当对股东的质询予以真实、准确的答复。无论股东的持股数量多少,参加股东大会行使建议质询是股东的正当权利,上市公司不得以任何理由拒绝。上市公司应当在股东大会"宣读议案"之后、"投票"之前,设置专门的"股东发言"环节。

费阿姨:小钟老师,我以前参加过一家上市公司的年度股东大会,会场冷冷清清,公司就来了一名董事长、一名监事和一名财务总监。会议一开始董事长就说相关议案都在网上公布过了,来参会的股东直接投票吧。整个年度股东大会从头到尾只有 5

分钟就开完了，我大老远地赶来，公司却如此敷衍我们小股东，请问我该怎么做呢？

小钟老师：上市公司召开股东大会，全体董事、监事和董事会秘书应当出席会议，经理和其他高级管理人员应当列席会议。年度股东大会作为公司一年一度最重要的会议，公司理应予以充分重视。股东大会应当设有审议议案的环节，股东可以要求上市公司逐项介绍议案内容，并给每项议案留有合理的讨论时间。遇到你所说的这种情况，股东可以在会场直接质询董事、监事或高级管理人员。

费阿姨：有一家上市公司股东大会现场登记时，工作人员让我另外再提交一份持股凭证以证明自己的股东身份，否则不让我进入会场。在这种情况下，我该如何维护自身的权益？

小钟老师：根据《上市公司股东大会规则》的相关规定，股东出席股东大会的，应当出示股票账户卡，而不是持股凭证。这家上市公司的做法，额外地增加了股东的义务，违反了相关法律法规，侵害了股东的合法权益。股东可以现场对公司提出质询和建议，如公司拒不改正，股东也可拨打证监会"12386"投诉热线进行投诉。

冯大爷和费阿姨：谢谢小钟老师的耐心解答。原来我们小股东参加股东大会有这么多权利啊，以后一定要积极行权、勇敢维权，让上市公司和控股股东不敢随意侵害我们小股东的权利。

企业收购知多少

张大爷:小钟老师您好,我持股的上市公司最近发布了收购其他公司的公告,但我并不熟悉企业收购的相关情况,能为我介绍一下吗?

小钟老师:简单来说,收购是指一个企业通过购买股份或者资产的方式获得另一家企业的部分或全部控制权。

张大爷:原来这就是收购啊。那么上市公司为什么会选择收购其他企业,这对我们中小股东有什么影响吗?

小钟老师:近年来,企业收购一直是 A 股市场的热点话题。有的上市公司是为了谋求更大的企业规模和市场份额而收购同行业的其他公司;有的上市公司则迫于行业不景气或主营业务成为落后产能,需要通过收购介入新兴产业;更有公司借收购上市公司达到上市的目的。总体来说,合理的收购能够让上市公司获得更好的发展,中小股东也能收获更丰厚的回报。但有些大股东无视高溢价甚至是为了利益输送而发起的不合理收购,还是值得中小股东警惕。

张大爷:那我们作为中小股东该怎么判断收购的合理性呢?

小钟老师:中小股东首先应该想想收购时的估值方法是否合理以及是否存在过高的溢价。企业收购估价的方法大致分为市场法、收益法和成本法。针对标的公司性质的不同,上市公司应该选择相对应的方法进行估值。溢价,是指收购价格和被收购资产价值的差值,由于收购行为往往是卖方市场,溢价收购也就时有发生了。但是过高的溢价让标的公司的业绩承诺偏高,正所谓"理想很丰满,现实很骨感",最后经常出现被收购公司的经营业绩达不到收购估值时业绩预测的现象。在具体的收购支付方式上,如果公司选择现金支付,上市公司为高溢价部分多支付了现金直接损害了原有股东权益;如果公司选择发行股份支付,为高溢价多发行的股份就稀释了上市公司原有股东的权益。

张大爷:听您这么一说,收购的估值和溢价情况确实和我们的利益息息相关。那么,除此之外还有哪些需要注意的地方呢?

小钟老师:收购资产的性质和质量也非常重要。企业根据固定资产与总资产或者营业收入的比例,大致可以分为轻资产企业和重资产企业。针对重资产企业,上市公司可以进行实地调研,并用资产法和收益法进行估值。这样一来,标的企业的质量有所保证,降低收购到“烂资产”的可能性。但是轻资产企业就不一样了,由于轻资产企业的核心价值主要体现在其“轻资产”上,包括企业经营与管理的经验和模式、社会资源的获取和整合能力、产品与服务的品牌和营销能力、人力资源的积累和企业文化的内聚力等。这部分资产发生变动的可能性很大,实地调研的效果不理想。同时,由于轻资产特殊的性质,使上市公司只能用市场法或者收益法进行评估,有造成高额溢价的风险。例如,2018 年 9 月利欧股份以 23 亿元的天价收购苏州梦嘉,标的公司的核心业务为微信公众号内容营销,是一家典型的轻资产公司。经过认真的研究分析,投服中心针对其估值较高的合理性等因素进行了质询。随着该次收购的取消,利欧股份广大中小股东的利益得到了保护。

张大爷:这样看来,收购企业的性质和质量也很重要。那我们中小股东在收到上市公司的收购公告时应该注意什么呢?

小钟老师:中小股东在收到持股上市公司的重大资产重组公告时就应留意股东大会何时召开,积极参与,用投票来表明自己的立场。

张大爷:谢谢小钟老师的耐心解答。我们中小股东在面对持股公司的收购事件时应该认真分析,理性投票,维护好自己的利益。

价值分析中的几个常用指标

在日常工作中,投服中心常碰到投资者因为“赌重组”“博摘帽”等而最终“踩雷”蒙受亏损的情况。对于投资者来说,忽视公司价值分析的纯博弈交易往往以亏损告终。本文从《价值投资——看透股票这东西》和《手把手教你读财报》两书中摘录了六个价值分析的指标,分享给广大投资者。

一、净利润

净利润是企业利润总额扣除所得税后的余额。公司能够创造利润,这是公司具有价值的根本原因,因此,净利润是分析企业价值的最重要指标。相对于股价频繁的变化,公司利润变化更具有可预测性,公司利润的增长主要可归纳为以下几个方面:(1)内生增长,如销售增加、产能扩大、成本降低等;(2)外延式增长,如收购兼并、资产注入等;(3)行业整体复苏;(4)政策改变及宏观经济增长;(5)上述情况综合作用。

如何去解读净利润数字背后的含义呢?净利润越高代表公司盈利能力越强。由于公司行业、规模和发展阶段等因素不同,单纯比较净利润往往失去了意义,我们更应该动态看待净利润的变化。例如,两个公司净利润同为 1 亿元,一个净利润 8000 万元,一个净利润 2 亿元,市场更愿意追捧的往往是净利润 8000 万元的公司。动态看待净利润可以从 3 个角度观察:(1)净利润同比变化情况,观测净利润是否有转折性效果或者是否持续上升或者下降。(2)单季净利润的环比变化。同比分析公司净利润变动转折性或推动性效果常常有滞后性,因为同比采用的各季度累计数据,分析单季净利润的环比变化更及时发现拐点。这个优点同样伴随着缺点,环比数据具有灵敏性强的特点,拐点的“噪声”信号过多。(3)净利润增长的稳定性,观测 3 年复合增长率或者净利润是否连续比前一年度上升。

二、营业收入

营业收入往往是公司利润来源的根本,收入通常是公司价值改善的重要先行指标。净利润可以通过公允价值变动、营业外收入等因素得到不同程度的包装,营业收入更加“纯净”。公司经营的向好往往先在营业收入上体现,同样,如果公司的主营收入持续下降,表明公司基本面有可能逆转,这样对公司价值产生重大不利影响。

营业收入数据也需要动态看待才有意义。

三、毛利率

毛利率是营业利润与营业收入的比率,毛利率 = 营业利润/营业收入 = (营业收入 - 营业成本)/营业收入。毛利率反映的是公司业务转化为利润的核心能力。一般而言,毛利率高反映公司盈利能力强,销售同等的商品和服务,能获得更多利润。

毛利率的变化是股价变化的一个先行指标。毛利率提升表明产品价格提升,价格上涨的原因可能来自公司自身的竞争力的提升,或行业周期发生的变化或者公司业务属性发生变化。有的公司净利润在增长,毛利率在下降,表明公司依靠扩大规模来维持利润增长。毛利率下降也不能直接说明公司基本面转坏,公司还可以通过规模扩大实现利润增长,但若毛利率和主营收入同时恶化,那就要引起高度警惕。

四、行业毛利率

行业毛利率,是指行业属性相似公司的平均毛利率,它的变化对整个行业来说也是某种提前的预示。

选择龙头行业可以根据行业毛利率同比或环比变化圈定。观测毛利率变化时,需要对某些行业排除季节性因素的影响,如啤酒行业、空调行业等。当然,行业毛利率的改善并不一定产生板块效应或者该行业的所有公司都受益,具体还要根据公司的基本面情况深入分析。

五、预收账款

预收账款在资产负债表中出现在“负债”科目下,它是购买方提前向供应方的付款,供应方今后要负责用商品或服务偿还。预收账款是收款发生在商品或者服务出售前,表明公司的产品或者服务受到市场的追捧,公司的定价能力强。

公司规模不同,预售账款的规模也不尽相同,不同公司的预收状况无法直接比较。如果用预收账款与销售收入相除得到的值,这个值在不同的公司之间可以直接比较,我们通常称这个指标为“预收销售率”,预收销售率较高的公司在行业内定价能力通常也较高。

分析预收账款同比或环比变化可以发现公司基本面改善的转折点,具体分析方法与净利润相同。

六、市盈率

市盈率是股价与每股收益的比率,PE = 股价/每股收益。市盈率越低,说明股价被低估的潜力越大,此处需要注意的是,这条规律并不适用于所有股票,有时候低市盈率代表着公司成长性不够,市场不认可该公司的价值,要结合其他基本面指标结合分析才有意义。

价值分析指标无法定出达到某一种参数值就是“好”或“坏”,价值方法指标具有整体性,每个指标不能绝对化,更不能神化。有的适合组合使用,有的仅局限于特定行业和市场,没有任何一个神奇的指标能解决投资中的所有问题。在实践中,要不断总结和摸索对自己最适合的投资策略。

什么是杜邦分析法

薛大哥：小钟老师，我最近看书总是看到一个叫作杜邦分析法的方法。看了半天也没太明白，您能不能通俗地给我讲解一下呀？

小钟老师：杜邦分析法是从财务角度评价企业绩效的经典方法。薛大哥找资料自学投资知识，看来学习热情很高啊。有什么问题您尽管问吧！

薛大哥：我从书上看到，杜邦分析法主要是围绕净资产收益率（Rate of Return on Common Stackholder's Equlty，ROE）这个指标进行分解的。ROE 这个指标这要怎么理解呀？

小钟老师：净资产收益率（ROE）这个指标是用净利润除以公司的净资产得到的，可以用来评价公司的获利能力和股东权益的回报水平。通俗来讲，这个指标可以用来看企业运用股东投入的资金给股东带来了多少回报（见图 1）。

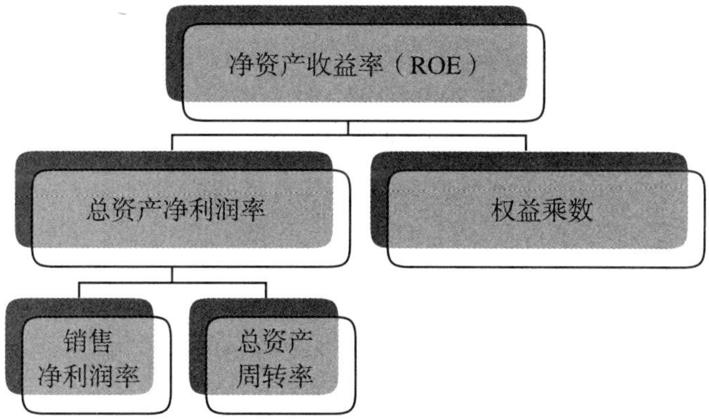

图 1

薛大哥：原来是这样，那为什么我们不直接用净利润这个指标呢？

小钟老师：打个比方您就明白了。假如有 A、B 两家公司，A 公司的净资产有 1000 万元，B 公司的净资产只有 100 万元，它们的净利润都是 100 万元。如果只比较净利润，两家公司表现就是一样的。但如果把股东的投入纳入考虑，则 B 公司利用较少的投入却获得了与 A 公司一样的收益。论获利能力和股东权益的回报水平，当然是 B 公司更高。

薛大哥：原来如此，所以说公司 ROE 高，代表它有为股东带来高回报的能力，对吗？

小钟老师:是的,薛大哥说的没错!

薛大哥:对了,小钟老师,那杜邦分析法为什么还要费这么大功夫要把ROE这个指标分解成好几块呢?我看到书里写,净资产收益率(ROE)=销售净利率×总资产周转率×权益乘数。这么复杂的公式我可真是看不明白,小钟老师能不能给我讲解一下呀?

小钟老师:没问题!其实,杜邦分析法对净资产收益率(ROE)进行分解是为了深入分析企业的经营业绩情况。杜邦分析法不管公式多么复杂,本质上都是要回答三个问题:(1)公司盈利能力如何?(2)公司运营能力如何?(3)公司融资能力如何?您刚刚说的公式里,销售净利率对应着公司的盈利能力,总资产周转率对应着公司的运营能力,权益乘数对应着公司的融资能力。换句话说,对公司的ROE进行杜邦分解也就是对公司的盈利能力、运营能力、融资能力进行具体分析。这样是不是好理解了?

薛大哥:哦,您这样说我就明白了!原来拆开是为了评判公司的盈利能力、运营能力和融资能力呀。那杜邦分析法具体可以怎么用呢?

小钟老师:杜邦分析法的作用可多了!在公司经营管理中,杜邦分析法可以帮助管理层更加清晰地发现ROE的决定因素。我们再来举个例子:C公司2016年的ROE是10%,2017年却下降到了8%,您说公司是什么地方出了问题呢?公司未来要怎么调整呢?

薛大哥:嗯……可能是今年公司产品卖得不好?或者今年原材料的成本太高,导致公司利润变少了?这有好多可能性呀,我怎么知道公司哪里出了问题呢?

小钟老师:没错,所以这时候杜邦分析法就有用武之地啦!通过杜邦分析法,我们发现公司2016年与2017年的总资产周转率都是50%,权益乘数都是2,但销售净利率从2016年的10%下滑到了8%。所以说,公司2017年ROE下降的原因就在于公司的销售净利率下降,也就是盈利能力下降。

下一步,公司就可以针对销售净利率进行进一步分解了。看看究竟是收入减少,还是成本上升,还是费用上升等导致了公司盈利能力下降。这样一来,就可以更清晰地知道公司究竟哪里出了问题,有针对性地进行调整优化。

薛大哥:原来是这样!还是小钟老师讲得明白,这可比看公式强多了。

小钟老师:那我来考考您,杜邦分析法能不能用于不同公司间的比较分析呢?

薛大哥:比较不同公司的时候也可以用杜邦分析法,这可难不倒我!和刚才一样，将不同公司的ROE按照公式拆开，就可以对他们的盈利能力、运营能力、融资能力进行一一对比了。

小钟老师：真棒！薛大哥您已经能举一反三了。另外，杜邦分析法还可以与公司所处的行业、公司的盈利模式等结合起来，帮助投资者了解一家公司的核心竞争力是什么。下次有时间我再和您具体聊聊。

薛大哥：好的，谢谢小钟老师。经您指点，我真是豁然开朗啊！

孟博士解读

杜邦分析法还有许多种变形，在这里我们为大家介绍的是最常用的一种分解方式，即资产收益率(ROE)＝销售净利率×总资产周转率×权益乘数。

以下是杜邦分析法中的相关公式，有兴趣的同学们可以自己练习一下：

资产收益率(ROE)＝销售净利率×总资产周转率×权益乘数

净资产收益率(ROE)＝净利润/净资产

总资产利润率＝净利润/营业收入

总资产周转率＝营业收入/总资产

权益乘数＝总资产/净资产

非经常性损益知多少

江小妹是冯小哥单位新入职的应届毕业生,毕业没多久就成了一名股民。近日,江小妹持有股票的两个上市公司发公告称拟出售房产和子公司股权,网上也有新闻称“上市公司‘卖房扭亏’”,江小妹对此一头雾水。在冯小哥的介绍下,江小妹来到投服中心请教小钟老师。

江小妹:小钟老师,我持有股票的上市公司拟出售房产,这种行为是正常的吗?

小钟老师:年关将至,部分上市公司存在突击卖房、出售子公司股权的情况。这种行为既有可能是调节利润的手段,也有可能是出于优化资产配置的考虑,要分别讨论。对于上市公司涉嫌年末突击进行利润调节的行为,将会受到监管层的重点关注。

江小妹:新闻说有部分上市公司“卖房扭亏”,房产本来就是上市公司的资产,怎么通过出售房产调节利润呢?

小钟老师:上市公司出售房产的收入会作为非经常性损益计入当年的净利润,出售房产的收入足够高,就能够使上市公司扭亏为盈。非经常性损益,是指与公司的主业无关的收入和支出,以及虽然与正常经营业务相关,但具有特殊性和偶发性的收入和支出,包括非流动性资产处置损益、税收返还或减免、政府补助、资金占用费、企业合并产生的损益、非货币性资产交换损益、委托投资产生的损益、资产减值准备、债务重组损益等 21 项。

江小妹:这么多项呀,上市公司通过非经常性损益调节利润的这种行为普遍吗?怎么辨别上市公司的真实经营情况呢?

小钟老师:别太担心,虽然几乎每家上市公司都存在非经常性损益,但利用非经常性损益调节利润的情况并不普遍。据 2018 年半年报数据统计,A 股 3531 家上市公司存在非经常性损益,金额约 1245.75 亿元,占净利润总和 6.37%。其中,3201 家上市公司录得非经常性收益,占比约 90.4%,金额约 1419.92 亿元;330 家上市公司录得非经常性损失,占比约 9.3%,金额约 174.17 亿元。不同板块、不同行业会有所差异。所以,在了解上市公司盈利能力的时候,要重点关注归属上市公司股东扣除非经常性损益后的净利润。这个指标扣除了主业外收入或偶发性收入对利润的影响,更能反映企业真实的经营状况。

江小妹：小钟老师，您再仔细跟我说说吧。

小钟老师：在正常情况下，扣非前后净利润走势应基本一致，但部分上市公司业绩下滑，扣非后的净利润为负数，但通过出售房产或子公司股权等手段，以及财政补贴、税收返还等政策红包，让公司扭亏为盈，使其净利润变为正数。虽然财务报表变好看了，但盈利能力并没有提高。要警惕上市公司长期通过出售资产以产生巨额非经常性损益，从而扭亏为盈，一旦无优质资产可供出售，则将出现净利润大幅下跌甚至退市的风险。

小妹：原来如此，非经常性损益这一个小小的指标，学问这么大呢。谢谢小钟老师，我回去研究一下我持有的那几只股票。改天继续向您请教！

小钟老师：好呀，接下来孟博士会向您详细解读有关非经常性损益的相关规定。

孟博士解读

根据现行《公开发行证券的公司信息披露内容与格式准则第 2 号——年度报告的内容与格式》（2017 年修订）规定，公司在披露“归属于上市公司股东的扣除非经常性损益后的净利润”时，应当同时说明报告期内非经常性损益的项目及金额。

根据现行《公开发行证券的公司信息披露解释性公告第 1 号——非经常性损益》（2008 年修订）的相关规定，非经常性损益是指与公司正常经营业务无直接关系，以及虽与正常经营业务相关，但由于其性质特殊和偶发性，影响报表使用人对公司经营业绩和盈利能力做出正常判断的各项交易和事项产生的损益。公司在编报招股说明书、定期报告或发行证券的申报材料时，应对照非经常性损益的定义，综合考虑相关损益同公司正常经营业务的关联程度以及可持续性，结合自身实际情况做出合理判断，并做出充分披露。公司除应披露非经常性损益项目和金额外，还应当对重大非经常性损益项目的内容增加必要的附注说明。

非经常性损益通常包括以下 21 项：

（1）非流动性资产处置损益，包括已计提资产减值准备的冲销部分；

（2）越权审批，或无正式批准文件，或偶发性的税收返还、减免；

（3）计入当期损益的政府补助，但与公司正常经营业务密切相关，符合国家政策规定、按照一定标准定额或定量持续享受的政府补助除外；

（4）计入当期损益的对非金融企业收取的资金占用费；

（5）企业取得子公司、联营企业及合营企业的投资成本小于取得投资时应享有被

投资单位可辨认净资产公允价值产生的收益;

(6)非货币性资产交换损益;

(7)委托他人投资或管理资产的损益;

(8)因不可抗力因素,如遭受自然灾害而计提的各项资产减值准备;

(9)债务重组损益;

(10)企业重组费用,如安置职工的支出、整合费用等;

(11)交易价格显失公允的交易产生的超过公允价值部分的损益;

(12)同一控制下企业合并产生的子公司期初至合并日的当期净损益;

(13)与公司正常经营业务无关的或有事项产生的损益;

(14)除同公司正常经营业务相关的有效套期保值业务外,持有交易性金融资产、交易性金融负债产生的公允价值变动损益,以及处置交易性金融资产、交易性金融负债和可供出售金融资产取得的投资收益;

(15)单独进行减值测试的应收款项减值准备转回;

(16)对外委托贷款取得的损益;

(17)采用公允价值模式进行后续计量的投资性房地产公允价值变动产生的损益;

(18)根据税收、会计等法律、法规的要求对当期损益进行一次性调整对当期损益的影响;

(19)受托经营取得的托管费收入;

(20)除上述各项之外的其他营业外收入和支出;

(21)其他符合非经常性损益定义的损益项目。

第二节 说说重大资产重组的那些事

说说重大资产重组的那些事——规避借壳（一）

冯小哥:小钟老师,我看到你们在重大资产重组媒体说明会上经常提到规避借壳上市,这是怎么回事呀?

小钟老师:这个要从我们之前讲过的重大资产重组说起,您还记得什么是重大资产重组吗?

冯小哥:这个我知道,是指上市公司及其控股或者控制的公司在日常经营活动之外,购买、出售资产或者通过其他方式进行资产交易达到规定的比例,导致上市公司的主营业务、资产、收入发生重大变化的资产交易行为。

小钟老师:冯小哥知识记得很牢啊。除了普通的重大资产重组,证监会还在2019年修订的《上市公司重大资产重组管理办法》中规定了需要核准的重大资产重组类型,即我们说的借壳上市。该规定对于是否构成借壳上市主要有两条标准:一是实际控制人是否发生变化,二是收购新实际控制人的关联资产是否达到一定的标准。其中第二条从资产总额、资产净额、营业收入、净利润、股份等五个指标进行判断,只要其中一项达到100%,就认定为借壳。

冯小哥:那么为什么要规避借壳上市呢?

小钟老师:如果被认定为借壳上市,被收购的资产就需要符合《首次公开发行股票并上市管理办法》,要求更为严格。一些不过关的资产就想办法通过设计变通,避免交易被认定为借壳上市。

冯小哥:规避借壳上市的行为对我们中小股东有什么危害吗?

小钟老师:为了重组某些不符合审核标准的资产,有的上市公司通过各种手段,明里进行重大资产重组,暗里掩盖实际的借壳行为。然而这些手段往往存在很多漏洞,监管部门一旦将其认定为借壳上市,而交易资产又不符合标准,就会导致交易的失败,可能造成股价异常波动,使中小股东受损。

冯小哥:原来如此,那您和我说说规避借壳的手段吧,我也学习一下如何分辨。

小钟老师:我们刚才说,认定是否借壳有两条标准。第二条标准的规避可能性很小,所以很多上市公司选择规避第一条标准,即在收购大规模资产又要规避借壳的情况下,保持上市公司实际控制人不发生变化。常见的绕开实控人变更的做法,有增加原上市公司大股东的持股比例、减少重组方重组后的持股比例、表决权委托等几种方式。上市公司实践中,有的突击打散标的资产股权,有的刻意把大量表决权委托给他人,还有的通过定向锁价配套融资来规避实际控制人变更的认定,而监管部门也重点关注了这些行为,很多此类交易已被终止。下面我们再请孟博士解读下《上市公司重大资产重组管理办法》中的有关规定。

孟博士解读

《上市公司重大资产重组管理办法》第 13 条规定:

上市公司自控制权发生变更之日起 36 个月内,向收购人及其关联人购买资产,导致上市公司发生以下根本变化情形之一的,构成重大资产重组,应当按照本办法的规定报经中国证监会核准:

(一)购买的资产总额占上市公司控制权发生变更的前一个会计年度经审计的合并财务会计报告期末资产总额的比例达到 100% 以上;

(二)购买的资产在最近一个会计年度所产生的营业收入占上市公司控制权发生变更的前一个会计年度经审计的合并财务会计报告营业收入的比例达到 100% 以上;

(三)购买的资产净额占上市公司控制权发生变更的前一个会计年度经审计的合并财务会计报告期末净资产额的比例达到 100% 以上;

(四)为购买资产发行的股份占上市公司首次向收购人及其关联人购买资产的董事会决议前一个交易日的股份的比例达到 100% 以上;

(五)上市公司向收购人及其关联人购买资产虽未达到本款第(一)至第(四)项标准,但可能导致上市公司主营业务发生根本变化;

(六)中国证监会认定的可能导致上市公司发生根本变化的其他情形。

上市公司实施前款规定的重大资产重组,应当符合下列规定:

（一）符合本办法第十一条、第四十三条规定的要求；

（二）上市公司购买的资产对应的经营实体应当是股份有限公司或者有限责任公司，且符合《首次公开发行股票并上市管理办法》规定的其他发行条件；

（三）上市公司及其最近3年内的控股股东、实际控制人不存在因涉嫌犯罪正被司法机关立案侦查或涉嫌违法违规正被中国证监会立案调查的情形，但是，涉嫌犯罪或违法违规的行为已经终止满3年，交易方案能够消除该行为可能造成的不良后果，且不影响对相关行为人追究责任的除外；

（四）上市公司及其控股股东、实际控制人最近12个月内未受到证券交易所公开谴责，不存在其他重大失信行为；

（五）本次重大资产重组不存在中国证监会认定的可能损害投资者合法权益，或者违背公开、公平、公正原则的其他情形。

上市公司通过发行股份购买资产进行重大资产重组的，适用《证券法》和中国证监会的相关规定。

本条第一款所称控制权，按照《上市公司收购管理办法》第八十四条的规定进行认定。上市公司股权分散，董事、高级管理人员可以支配公司重大的财务和经营决策的，视为具有上市公司控制权。

创业板上市公司自控制权发生变更之日起，向收购人及其关联人购买符合国家战略的高新技术产业和战略性新兴产业资产，导致本条第一款规定任一情形的，所购买资产对应的经营实体应当是股份有限公司或者有限责任公司，且符合《首次公开发行股票并在创业板上市管理办法》规定的其他发行条件。

上市公司自控制权发生变更之日起，向收购人及其关联人购买的资产属于金融、创业投资等特定行业的，由中国证监会另行规定。

说说重大资产重组的那些事——规避借壳(二)

冯小哥:小钟老师,我上次听您讲了借壳上市,回去研究了重大资产重组的一些案例,仍有地方不明白,想听您跟我再详细讲讲。

小钟老师:好呀,还记得咱们上次说借壳上市的标准是什么吗?

冯小哥:记得,对您说的话我可上心啦!判断是否构成借壳上市主要有两条标准:一是实际控制人是否发生变化,二是收购新实际控制人的关联资产是否达到一定的标准。因为第二条标准规避可能性很小,所以很多上市公司在收购大规模资产时,大多选择保持上市公司实际控制人不发生变化来规避借壳上市。

小钟老师:不错,学得很认真嘛。你遇到了什么问题呢?

冯小哥:我看了几家上市公司在重大资产重组时,都声称不构成借壳上市。比如,上市公司A发行股份购买资产进行重大资产重组时,财务指标符合借壳上市标准,但原标的资产的股东们承诺放弃因为重组所持有的上市公司股份的表决权、提名权、提案权,所以A公司称其控制权不会发生转移,就不会构成借壳上市。这其中是不是有问题呢?

小钟老师:你问题找得很准呢。这个A公司重组的标的公司的股东放弃表决权等权利,极有可能是为了规避借壳,这种行为本身也可能引起不良的后果。还记得我们之前讲的权益知识吗?在公司治理中,表决权、提案权、提名权是重要的权利,也是普通股的重要内容。如果放弃,那么就会使法律上设立普通股和优先股的意义不大了。而且表决权是公司治理的核心权利,不但涉及自己的利益,也涉及其他权利人的共同利益,如果大量放弃表决权,长此以往公司治理也将残缺不全。放弃表决权等权利还可能使股份转让变得困难,试想有谁愿意接手权利残缺的股份呢?因此,也可能对股价产生影响。

冯小哥:原来如此。我还看到一家上市公司B,也是发行股份购买资产。在宣布重组几个月前,标的公司一次性引入了好多新股东,标的公司的股权就分散了,重组后新股东们的股权也分散了,上市公司称原第一大股东股权占比仍是最高的,控制权未发生转移,所以不构成借壳上市。这个有什么问题吗?

小钟老师:像这种通过突击入股刻意降低重组方未来持股比例,提升上市公司大股东的持股比例的行为,往往存在借壳上市嫌疑。这种人为调节重组各方持股比例的做法通常会遭到监管的严加盘问,“冲关”存在很大不确定性,很可能被认定为借壳上市,给投资者带来风险。

冯小哥:还有一家上市公司 C,发行股份收购 C 公司实际控制人亲戚的资产,标的资产财务指标也已经符合了借壳的条件,重组完成后 C 公司实际控制人和其亲戚持股比例很接近,我看也有很多质疑其借壳的声音。

小钟老师:虽然很多上市公司都关注如何保持第一大股东不变,但控制权变化不单纯是表面的持股比例变化多少,更关键在于整个控制权结构是否会发生变化,单方面认为第一大股东不变就是控制权不变,是站不住脚的,还要从董事会、高级管理层等是否可以支配公司的重大财务和经营决策进行说明。

冯小哥:嗯,我明白了,今天收获很多,我回去好好消化一下,改天继续向您请教重大资产重组方面的问题。

小钟老师:好呀,我们再请孟博士解读下有关知识。

孟博士解读

我们来了解下《上市公司收购管理办法》中,关于实际控制人以及一致行动人认定方面的法律法规:

第八十三条　本办法所称一致行动,是指投资者通过协议、其他安排,与其他投资者共同扩大其所能够支配的一个上市公司股份表决权数量的行为或者事实。

在上市公司的收购及相关股份权益变动活动中有一致行动情形的投资者,互为一致行动人。如无相反证据,投资者有下列情形之一的,为一致行动人:

(一)投资者之间有股权控制关系;

(二)投资者受同一主体控制;

(三)投资者的董事、监事或者高级管理人员中的主要成员,同时在另一个投资者担任董事、监事或者高级管理人员;

(四)投资者参股另一投资者,可以对参股公司的重大决策产生重大影响;

(五)银行以外的其他法人、其他组织和自然人为投资者取得相关股份提供融资安排;

(六)投资者之间存在合伙、合作、联营等其他经济利益关系;

(七)持有投资者 30% 以上股份的自然人,与投资者持有同一上市公司股份;

(八)在投资者任职的董事、监事及高级管理人员,与投资者持有同一上市公司

股份;

(九)持有投资者 30% 以上股份的自然人和在投资者任职的董事、监事及高级管理人员,其父母、配偶、子女及其配偶、配偶的父母、兄弟姐妹及其配偶、配偶的兄弟姐妹及其配偶等亲属,与投资者持有同一上市公司股份;

(十)在上市公司任职的董事、监事、高级管理人员及其前项所述亲属同时持有本公司股份的,或者与其自己或者其前项所述亲属直接或者间接控制的企业同时持有本公司股份;

(十一)上市公司董事、监事、高级管理人员和员工与其所控制或者委托的法人或者其他组织持有本公司股份;

(十二)投资者之间具有其他关联关系。

一致行动人应当合并计算其所持有的股份。投资者计算其所持有的股份,应当包括登记在其名下的股份,也包括登记在其一致行动人名下的股份。

投资者认为其与他人不应被视为一致行动人的,可以向中国证监会提供相反证据。

第八十四条 有下列情形之一的,为拥有上市公司控制权:

(一)投资者为上市公司持股 50% 以上的控股股东;

(二)投资者可以实际支配上市公司股份表决权超过 30%;

(三)投资者通过实际支配上市公司股份表决权能够决定公司董事会半数以上成员选任;

(四)投资者依其可实际支配的上市公司股份表决权足以对公司股东大会的决议产生重大影响;

(五)中国证监会认定的其他情形。

说说重大资产重组的那些事——标的资产估值（一）

冯小哥：小钟老师，我最近关注一家上市公司要进行重大资产重组，重组的标的资产估值比账面值翻了好多倍，我不太明白估值是怎么回事，您能跟我讲讲吗？

小钟老师：好呀。对标的资产的估值是重组预案的重点之一，体现了上市公司花多少钱买标的资产，价格值不值，是否符合中小股东们的利益。有的上市公司在购买资产时，标的资产的估值远高于账面值，即我们说的高估值的现象。不合理的高估值会使上市公司耗费巨大的代价，取得实际价值与价格不相符的资产，使股东们的利益流失。同时，高估值容易导致利益输送、内幕交易、高业绩承诺无法兑现、商誉减值等问题，使上市公司业绩波动，损害中小投资者的利益。所以，在遇到上市公司进行重大资产重组时，我们要关注标的资产估值的合理性。

冯小哥：高估值是如何产生的呢？

小钟老师：高估值的产生主要源于两个方面的原因。一是收购的标的资产的经营业绩相关资料主要由标的方提供，为获得更高的交易对价，标的方倾向于更激进、乐观地评估业绩，从而通过高业绩预测来推高估值；二是收益法以标的资产未来盈收能力作为价值评估的基础，而预测所需的重要参数受到宏观经济、行业前景等多种客观因素的影响，存在较大的不确定性，由于当前上市公司并购重组标的资产往往集中在热点行业，容易推高收益法评估值。

冯小哥：您说的收益法是怎么回事呀？是估值的方法吗？

小钟老师：没错，收益法是估值方法的一种，也是最常用的一种。根据法律法规，评估机构、估值机构原则上应当采取两种以上的方法进行评估或者估值。在实际中，资产评估机构使用两种方法评估后，会从中选取一种更合理的估值作为最终评估结果。一般来说，资产评估主要有三种基本方法，即收益法、市场法和成本法。收益法是指通过预测被评估资产未来收益的现值来判断资产的价值；市场法是指利用市场上同样或类似资产的近期交易价格，经过直接比较或类比分析来估算资产价值的方法；成本法即通过估测资产的成本来确定资产价值。

冯小哥：我明白了，您说收益法在重组估值时使用最多，也经常产生高估值，那收益法是如何产生高估值的呢？

小钟老师：收益法评估推高估值的方法很多，例如，有的公司预测未来盈利水平时假设标的资产的产品单价、销售量等会持续上涨;有的公司评估游戏、文化类等具有周期性的标的资产时,在资产经营的顶峰期进行盈利预测,并假设能维持顶峰状态;有的公司将非经常性损益带来的盈利增长作为依据,预估未来的盈利能力等。这些都可能使估值虚高。

冯小哥:看来估值里的学问真不少,我可要好好研究下。

小钟老师:下面我们再请孟博士讲解下有关的法律法规。

孟博士解读

《上市公司重大资产重组管理办法》

第二十条 重大资产重组中相关资产以资产评估结果作为定价依据的,资产评估机构应当按照资产评估相关准则和规范开展执业活动;上市公司董事会应当对评估机构的独立性、评估假设前提的合理性、评估方法与评估目的的相关性以及评估定价的公允性发表明确意见。

相关资产不以资产评估结果作为定价依据的,上市公司应当在重大资产重组报告书中详细分析说明相关资产的估值方法、参数及其他影响估值结果的指标和因素。上市公司董事会应当对估值机构的独立性、估值假设前提的合理性、估值方法与估值目的的相关性发表明确意见,并结合相关资产的市场可比交易价格、同行业上市公司的市盈率或者市净率等通行指标,在重大资产重组报告书中详细分析本次交易定价的公允性。

前二款情形中,评估机构、估值机构原则上应当采取两种以上的方法进行评估或者估值;上市公司独立董事应当出席董事会会议,对评估机构或者估值机构的独立性、评估或者估值假设前提的合理性和交易定价的公允性发表独立意见,并单独予以披露。

说说重大资产重组的那些事——标的资产估值（二）

冯小哥：小钟老师，上次我听您讲了关于重大资产重组时标的资产估值的相关知识，我回去学习了一下，还是有些不懂的地方，想跟您再咨询咨询。

小钟老师：您有什么想问的尽管说。

冯小哥：上次您说常用的资产估值方法有三种，即收益法、市场法和成本法。您能跟我详细讲下这几种估值方法吗？

小钟老师：可以。那我们就从收益法讲起吧。您还记得我们讲过关于收益法的哪些内容吗？

冯小哥：记得！收益法是在重组中用得最多的估值方法，很容易产生高估值。收益法主要是通过预测标的资产未来收益来估算资产的价值。

小钟老师：嗯，说得不错！收益法的关键在于预测。收益法是通过估测被评估资产未来预期收益的现值来判断资产的价值。具体说来，即通过预测一项资产未来产生的收益，折算成现价求和，以代表当前资产的价值。在计算时，会用到预期收益额、折现率、收益期限等数据。预期收益额指如果没有意外事件发生时根据已知信息预测能得到的收益，不同种类资产的收益额的表现形式也不完全相同，在评估企业价值时，通常使用净利润、净现金流量等财务指标。折现率指投资者在投资风险一定的情形下，对投资所期望的回报率。收益期限即资产具有获利能力并产生收益的持续时间，通常以年为时间单位，由评估人员根据被评估资产自身效能、未来获利能力以及有关法律法规、契约合同等确定。由此可见，收益法操作的主观性较强，如对未来收益的预测、对风险报酬率的确定等，从而使评估结果较难把握。还记得我们讲过的几种利用收益法推高估值的方法吗？其中很多都是通过虚增预期收益来增加资产估值。

冯小哥：嗯，的确是这样。那请您再跟我讲讲市场法吧。

小钟老师：市场法的关键在于比较。市场法也称市场价格比较法，是指通过比较被评估资产与最近售出类似资产的异同，并将类似的市场价格进行调整，从而确定被评估资产价值的一种资产评估方法。市场法包括现行市价法、市场折扣法、价格指数法、价值比率法等具体操作方法。在评估企业价值时，通常使用价值比率法。价值比率法，是指利用参照物的市场价值与其某一经济指标相比较形成的价值比率作为乘数,乘以评估对象的同一经济指标,从而得到评估对象价值的一种评估方法。在实践中,常用的价值比率包括市盈率、市净率、市销率、企业价值倍数等。市场法是一种最简单、有效的方法,因为评估过程中的资料直接来源于市场,同时又为即将发生的资产行为评估。但由于只有在成熟完备的市场才能发挥市场法估值的作用,因此,也存在一定局限性。

冯小哥:我明白了,市场法就是参照市场上的资产对标的资产进行比价对吧?

小钟老师:没错。我们再讲讲成本法。成本法即通过估测资产的成本来确定资产价值。成本法常用的计算方法包括账面价值法、重置成本法等。账面价值法,是指以公司总资产扣除总负债,即股东权益,作为目标企业的价值,该方法仅对目标企业现有的资产进行估值,并未着眼于目标企业的未来成长能力;重置成本法,是指以重新构建与目标企业完全相同的企业所需的成本价值,作为目标企业价值。成本法的优点在于其客观性较强、不确定因素较少,故主要用来评估企业的最低价值;其缺点在于仅关注单项资产的价值,而忽视了企业作为整体的协同效应及盈利能力,估值结果并不能反映企业的全部价值。

冯小哥:资产估值真的很复杂呀,看来我要回去补充下财务知识,好好学习和琢磨才行。

说说重大资产重组的那些事——业绩承诺与补偿（一）

冯小哥：小钟老师，我来接着跟您请教重大资产重组的问题啦！

小钟老师：今天想问点什么呢？

冯小哥：上次听您讲了关于标的资产估值的知识，有的上市公司为了忽悠小股东，吹嘘标的公司的盈利能力，重组完成后发现标的公司盈利能力与原来说的相去甚远，这怎么办呀？

小钟老师：这就涉及业绩承诺与补偿的问题了。因为标的资产的未来盈利能力存在不确定性，为了防范标的资产估值虚高、重组完成后业绩变脸，以确保重组交易的公允性和合理性，监管部门设置了业绩承诺与补偿机制。业绩承诺与补偿，是指在上市公司重大资产重组过程中，被收购标的资产的股东对未来一段时间内的经营业绩作出预测，并承诺如果标的资产在承诺期届满实际经营业绩没有达到预测目标时，将向上市公司承担补偿责任。

冯小哥：还有这种操作呢？那重大资产重组中，标的公司都要作出业绩承诺吗？

小钟老师：根据《上市公司重大资产重组管理办法》第35条的规定，重大资产重组在同时满足以下两个条件时，标的公司的股东应当进行业绩承诺：一是上市公司向控股股东、实际控制人、控制的关联人购买资产，或者购买资产导致控制权发生变更；二是采用收益现值法、假设开发法等基于未来收益预期的方法对拟购买标的资产进行评估并作为定价参考依据。除此之外，《关于并购重组业绩补偿相关问题与解答》中规定，交易定价采用资产基础法估值结果的情况下，如果资产基础法中对于一项或几项资产采用了基于未来收益预期的方法，上市公司的控股股东、实际控制人或者其控制的关联人也应就此部分进行业绩承诺与补偿。其他情形并未强制规定进行业绩承诺，但上市公司与交易对方可以根据市场化原则，自主协商是否采取业绩承诺与补偿协议。

冯小哥：那具体是怎么承诺的呢？标的公司在重组以后的盈利都会承诺吗？

小钟老师：这倒不会，业绩承诺与补偿期限一般为重大资产重组实施完毕后的3年，对于拟购买资产作价较账面值溢价过高的，可视情况延长业绩补偿期限。还记得我们讲重组时估值最常用的方法是什么吗？

冯小哥：记得，是收益法。

小钟老师:没错。在采用基于未来收益预期的方法估值时,承诺净利润数一般为估值中的预测净利润数额。上市公司应当在重组实施完毕后 3 年内的年度报告中单独披露标的资产的实际净利润与承诺净利润的差异情况。承诺补偿方应当按照补偿协议的规定,就实际净利润不足承诺净利润的部分,对上市公司进行补偿。补偿时应当以其获得的股份和现金进行业绩补偿。如构成重组上市,股份补偿不低于本次交易发行股份数量的 90%。业绩补偿应先以股份补偿,不足部分以现金补偿。通常在业绩承诺期的每个年度进行一次测算和补偿。

冯小哥:原来如此,看来我需要好好研究业绩承诺,保护我们小股东应得的利益。

小钟老师:下面我们再让孟博士解读下有关的法律法规。

孟博士解读

《上市公司重大资产重组管理办法》

第三十五条 采取收益现值法、假设开发法等基于未来收益预期的方法对拟购买资产进行评估或者估值并作为定价参考依据的,上市公司应当在重大资产重组实施完毕后 3 年内的年度报告中单独披露相关资产的实际盈利数与利润预测数的差异情况,并由会计师事务所对此出具专项审核意见;交易对方应当与上市公司就相关资产实际盈利数不足利润预测数的情况签订明确可行的补偿协议。

预计本次重大资产重组将摊薄上市公司当年每股收益的,上市公司应当提出填补每股收益的具体措施,并将相关议案提交董事会和股东大会进行表决。负责落实该等具体措施的相关责任主体应当公开承诺,保证切实履行其义务和责任。

上市公司向控股股东、实际控制人或者其控制的关联人之外的特定对象购买资产且未导致控制权发生变更的,不适用本条前二款规定,上市公司与交易对方可以根据市场化原则,自主协商是否采取业绩补偿和每股收益填补措施及相关具体安排。

说说重大资产重组的那些事——业绩承诺与补偿（二）

冯小哥：小钟老师，我上次听您讲了业绩承诺与补偿之后，受益匪浅，紧接着就回去研究了几个重组方案，发现了几个问题，想向您请教一下。

小钟老师：冯小哥，您这学习的热情真是赶上冯大爷了，有什么问题您尽管说。

冯小哥：我查阅了一些重组方案后，尝试着自己总结了几个业绩承诺与补偿方面的疑点，我跟您逐个说说。第一个问题，我发现有些公司业绩承诺金额特别高。之前您讲过标的资产的估值和盈利预测，在看重组方案时，我发现很多公司抬高标的资产的估值和盈利预测，同时也抬高了业绩承诺金额。但这承诺的业绩和标的资产前几年的业绩差别特别大，感觉很难达到呀，这是不是在忽悠中小股东呀？

小钟老师：我们之前提到高估值会侵害中小股东的权益，而高估值和高业绩承诺是相伴而生的。高业绩承诺同样会对广大中小投资者产生不利的影响。如果承诺的业绩远高于标的资产现有的业绩，就会使其承诺业绩的实现具有很大的不确定性。如果标的资产未实现承诺业绩，一方面，可能会造成上市公司股价下跌，投资者为风险买单；另一方面，业绩承诺方如果未按照协议对上市公司进行补偿，更会损害上市公司及广大中小股东的合法权益。

冯小哥：果然如此。看来我们要警惕高业绩承诺，不能盲目跟风、被忽悠。第二个问题，我发现重组方案中的业绩补偿内容也很有学问。如有的方案里，标的资产估值对价很高，但承诺补偿的金额有上限，远远不够对价的金额；有的方案里，明明有10多个标的公司原股东拿到了上市公司的股权，但只有两三个承诺会进行业绩补偿。这种承诺补偿方案，真的能够弥补股东可能受到的损失吗？

小钟老师：您很犀利。的确，有的业绩补偿方案并未覆盖所有交易对价，有的承诺方规定了最高补偿上限，但该上限小于交易对价，也就是说承诺方拿走的多，赔偿的少。还有的业绩补偿方案中，仅有部分交易对手进行业绩承诺。假如承诺的这几个交易对手仅以其所获交易对价为最高补偿限额，一旦发生大额亏损，很可能不足以弥补所有损失。就算这几个承诺方称愿意补偿覆盖标的资产的全部交易对价，由于这种情况下承诺方所获利益将小于业绩补偿范围，也就是说拿的少、赔得多，一旦亏损巨大，承诺方可能怠于履行承诺，不利于保证承诺的实现。说到这里，就要提一下可执行性的问题了。现金补偿的可执行性比股份补偿低，在现金补偿方式下，如果标的资产未达到承诺业绩,承诺方可能存在补偿能力不足或逃避补偿的情况,对上市公司利益形成损害,中小股东也要予以注意。

冯小哥:嗯,我记住了。最后一个问题,业绩承诺和补偿方案可以变更吗?假如无法实现业绩承诺,会不会通过变更就免除了承诺方的补偿责任了呢?

小钟老师:现实情况中,确实有交易双方通过变更业绩承诺和补偿方案,以减轻或免除补偿责任的情况,方式主要包括变更业绩承诺数额、承诺期,提前终止业绩承诺,将股份补偿变更为现金补偿等。这种行为也会损害中小股东的权益。《关于上市公司业绩补偿承诺的相关问题与解答》中规定"重组方不得变更其作出的业绩补偿承诺",对业绩承诺变更进行了限制。

冯小哥:我明白了!今天您的解答让我茅塞顿开,我对重组中的业绩承诺和补偿认识更深了。

小钟老师:您现在也学会举一反三了,很不错嘛,看来冯大爷"股东权益卫士"的称号后继有人了!我们再请孟博士讲解下相关的法律法规,巩固下今天学的知识。

孟博士解读

文中提到了《关于上市公司业绩补偿承诺的相关问题与解答》的规定,其具体内容如下:

"上市公司重大资产重组中,重组方作出的业绩补偿承诺,能否依据《上市公司监管指引第 4 号——上市公司实际控制人、股东、关联方、收购人以及上市公司承诺及履行》的规定进行变更?

答:上市公司重大资产重组中,重组方的业绩补偿承诺是基于其与上市公司签订的业绩补偿协议作出的,该承诺是重组方案的重要组成部分,因此,重组方应当严格按照业绩补偿协议履行承诺。重组方不得适用《上市公司监管指引第 4 号——上市公司实际控制人、股东、关联方、收购人以及上市公司承诺及履行》第五条的规定,变更其作出的业绩补偿承诺。

本问答发布前股东大会已经审议通过变更事项的,不适用本问答。"

说说重大资产重组的那些事——发行股份购买资产

冯小哥：小钟老师，我看上市公司重大资产重组方案，有的是现金购买资产，也有的是发行股份购买资产。我明白现金购买资产，就是用现金支付标的资产的对价。您能跟我详细说说发行股份购买资产的方式吗？

小钟老师：好呀。我们知道上市公司进行重大资产购买的交易方式有现金购买、发行股份购买或者二者结合。发行股份购买就是上市公司通过向交易对方发行股份支付标的资产对价。对于发行股份购买资产，《上市公司重大资产重组管理办法》有一些特殊规定。不是所有上市公司都可以发行股份购买资产，《上市公司重大资产重组管理办法》第43条制定了相关规定，一会儿让孟博士和您详细讲讲。

冯小哥：那么，上市公司按照什么价格发行股份呢？和我们持有股票的价格一样吗？

小钟老师：上市公司发行股份的价格是有所限定的，不得低于市场参考价的90%。

冯小哥：那市场参考价是怎么定的呢？

小钟老师：市场参考价就是本次发行股份购买资产的董事会决议公告日前20个交易日、60个交易日或者120个交易日的公司股票交易均价之一。

冯小哥：感觉发行股份的价格很关键呀，会不会影响中小股东的权益呢？

小钟老师：如果发行股份的发行价格偏低，在交易对价恒定的情况下，会导致发行股份的数量增多，进而稀释现有股东的权益。在一些重组交易中，交易双方对发行股份的价格设置了调整机制，但只规定了发行价格向下调整的触发条件，而没有价格向上调整的相关规定，相当于单项的只调跌不调涨，在这种调价机制下，只可能导致发行股份数量的增多，可能损害上市公司现有股东的权益。

冯小哥：原来如此，谢谢小钟老师的解答，我再向孟博士请教下相关的法律法规。

孟博士解读

下面让我们了解下《上市公司重大资产重组管理办法》中发行股份购买资产的相关规定：

第四十三条 上市公司发行股份购买资产,应当符合下列规定:

(一)充分说明并披露本次交易有利于提高上市公司资产质量、改善财务状况和增强持续盈利能力,有利于上市公司减少关联交易、避免同业竞争、增强独立性;

(二)上市公司最近一年及一期财务会计报告被注册会计师出具无保留意见审计报告;被出具保留意见、否定意见或者无法表示意见的审计报告的,须经注册会计师专项核查确认,该保留意见、否定意见或者无法表示意见所涉及事项的重大影响已经消除或者将通过本次交易予以消除;

(三)上市公司及其现任董事、高级管理人员不存在因涉嫌犯罪正被司法机关立案侦查或涉嫌违法违规正被中国证监会立案调查的情形,但是,涉嫌犯罪或违法违规的行为已经终止满 3 年,交易方案有助于消除该行为可能造成的不良后果,且不影响对相关行为人追究责任的除外;

(四)充分说明并披露上市公司发行股份所购买的资产为权属清晰的经营性资产,并能在约定期限内办理完毕权属转移手续;

(五)中国证监会规定的其他条件。

上市公司为促进行业的整合、转型升级,在其控制权不发生变更的情况下,可以向控股股东、实际控制人或者其控制的关联人之外的特定对象发行股份购买资产。所购买资产与现有主营业务没有显著协同效应的,应当充分说明并披露本次交易后的经营发展战略和业务管理模式,以及业务转型升级可能面临的风险和应对措施。

特定对象以现金或者资产认购上市公司非公开发行的股份后,上市公司用同一次非公开发行所募集的资金向该特定对象购买资产的,视同上市公司发行股份购买资产。

第四十六条 特定对象以资产认购而取得的上市公司股份,自股份发行结束之日起 12 个月内不得转让;属于下列情形之一的,36 个月内不得转让:

(一)特定对象为上市公司控股股东、实际控制人或者其控制的关联人;

(二)特定对象通过认购本次发行的股份取得上市公司的实际控制权;

(三)特定对象取得本次发行的股份时,对其用于认购股份的资产持续拥有权益的时间不足 12 个月。

属于本办法第十三条第一款规定的交易情形的,上市公司原控股股东、原实际控制人及其控制的关联人,以及在交易过程中从该等主体直接或间接受让该上市公司股份的特定对象应当公开承诺,在本次交易完成后36个月内不转让其在该上市公司中拥有权益的股份;除收购人及其关联人以外的特定对象应当公开承诺,其以资产认购而取得的上市公司股份自股份发行结束之日起24个月内不得转让。

说说重大资产重组的那些事——重组方案重大调整

冯小哥:小钟老师,我最近在网上看到一些上市公司公告,部分上市公司在股东大会已经作出重大资产重组的决议后,要对重大资产重组方案进行调整。而公告显示,有的方案对交易标的进行调整构成了重大调整,有的也是对交易标的进行调整却不构成重大调整。那么,如何认定是否构成对重组方案的重大调整?为什么都是对交易标的进行调整,其性质却不一样呢?

小钟老师:上市公司进行重大资产重组,在公布重组预案之后,可能由于某些原因要对交易标的进行调整。《上市公司重大资产重组管理办法》规定了对哪些要素进行调整可能会构成交易方案的重大调整。同时,中国证监会《上市公司监管法律法规常见问题与解答修订汇编》中也明确了构成对重组方案重大调整的认定要求。具体的认定要求,最后让孟博士详细解读一下。

冯小哥:那除了对交易标的调整可能构成对重组方案的重大调整,调整方案的其他部分是否也会构成重大调整?

小钟老师:当然,对交易标的进行调整只是其中一种。除此之外,在股东大会作出重大资产重组的决议后,上市公司拟对交易对象、交易价格等作出变更,都可能构成对原交易方案的重大调整。

冯小哥:如果构成对重组方案的重大调整,还要履行哪些程序呢?

小钟老师:如果构成重大调整的,上市公司应当在董事会表决通过后重新提交股东大会审议,并及时公告相关文件。如果是在中国证监会审核期间,上市公司对原交易方案作出重大调整的,还应当按照《上市公司重大资产重组管理办法》的规定向中国证监会重新提出申请,同时公告相关文件。

冯小哥:听您讲完,这些程序性的问题我大概清楚了。

小钟老师:好的。下面我们请孟博士具体介绍一下《上市公司监管法律法规常见问题与解答修订汇编》中关于是否构成对重组方案重大调整的认定要求吧。

孟博士解读

《上市公司监管法律法规常见问题与解答修订汇编》中关于是否构成对重组方案重大调整的认定要求规定如下:

股东大会作出重大资产重组的决议后，根据《上市公司重大资产重组管理办法》第二十八条规定，对于如何认定是否构成对重组方案的重大调整问题，明确审核要求如下：

1. 关于交易对象

1）拟增加交易对象的，应当视为构成对重组方案重大调整。

2）拟减少交易对象的，如交易各方同意将该交易对象及其持有的标的资产份额剔除出重组方案，且剔除相关标的资产后按照下述第2条的规定不构成重组方案重大调整的，可以视为不构成重组方案重大调整。

3）拟调整交易对象所持标的资产份额的，如交易各方同意交易对象之间转让标的资产份额，且转让份额不超过交易作价20%的，可以视为不构成重组方案重大调整。

2. 关于交易标的

拟对标的资产进行变更，如同时满足以下条件，可以视为不构成重组方案重大调整。

1）拟增加或减少的交易标的的交易作价、资产总额、资产净额及营业收入占原标的资产相应指标总量的比例均不超过20%；

2）变更标的资产对交易标的的生产经营不构成实质性影响，包括不影响标的资产及业务完整性等。

3. 关于配套募集资金

1）调减或取消配套募集资金不构成重组方案的重大调整。重组委会议可以审议通过申请人的重组方案，但要求申请人调减或取消配套募集资金。

2）新增配套募集资金，应当视为构成对重组方案重大调整。

第三节 行权热点话题

积极行权：关注违规担保风险

违规对外担保，是指上市公司及其控股子公司未履行法律法规以及公司章程规定的审议程序或超过规定限额而实施的担保事项，对上市公司发展危害颇大，进而损害中小投资者的利益。有鉴于此，我们将结合案例解析的方式向投资者介绍上市公司违规担保的典型形式，提示投资者在阅读上市公司披露的信息时加以关注。

一、上市公司违规担保的形式

上市公司违规担保的形式有以下几种：一是对外担保未履行董事会或股东大会审议程序；二是上市公司对对外担保事项未做信息披露；三是有的上市公司事后才披露了担保信息；四是个别上市公司的对外担保额度超过法律法规、监管规定或者公司章程规定的限额。

二、上市公司违规担保的危害

近几年，上市公司不规范的对外担保频繁出现，违规担保数额较大，并且出现由上市公司相互担保形成"担保链"与以地域为特征的"担保圈"，给上市公司造成直接的经济损失，引发公司的财务风险，也损害了中小投资者的利益。因此，对外担保事项已成为上市公司普遍存在的一个风险隐患，危害不可轻视。

1. 危及上市公司经营。对外担保虽是上市公司的一种正常经营行为，但为保护公司及相关投资者的利益、限制控股股东和管理层滥用权利，对外担保也须符合法律规定和监管要求，否则极易对上市公司经营造成严重危害。

2. 诱发大股东权利滥用。上市公司违规担保行为频发，使越来越多的上市公司大股东在巨大利益的诱惑下，尝试走上这条损害公司利益、谋取个人利益的道路。

3. 损害资本市场信息披露的公信力。信息披露制度是为上市公司保障投资者利益和接受社会公众监督而设立的制度。公司违规担保行为可能导致公司及相关人员在信息披露中存在虚假记载、误导性陈述或者重大遗漏等信息披露违规行为，损害信息披露制度应有的公信力，致使原本信息掌握不对称的投资者的知情权受到侵犯。

4. 损害中小投资者利益。上市公司违规担保行为一经曝光，伴随监管机构问询、立案调查、移送司法机关等问题发生，进而引发二级市场强烈的不良反应。中小投资者面对该类突发情况，未来得及了解具体事项，所持股票价格便遭受严重折损。

三、投服中心持股行权案例

案例1：A公司在2015年7月经公司自查，发现22笔对外担保均未经过公司董事会、股东大会审批。其中，公司控股子公司下属北京分公司、成都分公司未按规定履行相关决策程序，于2015年6月在C银行成都甲支行的2200万元6个月定期存单为成都另外一家公司在C银行成都乙支行借款2000万元进行了质押担保；在2015年5月在南充市商业银行成都S支行的2400万元定期存单为成都某科技有限公司借款金额为2300万元提供了质押担保。截至2015年年底，两笔借款已经到期，借款人未能按期归还借款及利息。

案例2：B上市公司存在未履行审批程序且未及时履行信息披露义务的对外担保12笔，余额3.216亿元，其中对公司子公司担保余额0.55亿元，对关联方D公司担保余额0.70亿元，对董事长、总经理、实际控制人之一E担保余额0.95亿元，对董事长、总经理、实际控制人之一F担保余额0.78亿元，对实际控制人之一G担保余额0.24亿元。根据半年报信息，公司目前尚未实际承担债务连带责任，也未确认相关预计负债。并且，公司未披露为保护公司及股东利益采取的具体措施。

基于上述上市公司的违规担保行为，投服中心根据相关法律法规的规定，对上述上市公司实行了网上行权措施。

四、中小投资者应关注上市公司对外担保信息披露的哪些方面？

根据《公司法》《证券法》以及中国证监会等2005年联合发布的《关于规范上市

公司对外担保行为的通知》第1条第5项规定,上市公司董事会或股东大会审议批准的对外担保,必须在中国证监会指定信息披露报刊上及时披露,披露的内容包括董事会或股东大会决议、截止信息披露日上市公司及其控股子公司对外担保总额、上市公司对控股子公司提供担保的总额。

一是上市公司提供对外担保时是否履行了相应的审议程序。根据《公司法》第16条的规定:“公司向其他企业投资或者为他人提供担保,依照公司章程的规定,由董事会或者股东会、股东大会决议;公司章程对投资或者担保的总额及单项投资或者担保的数额有限额规定的,不得超过规定的限额。公司为公司股东或者实际控制人提供担保的,必须经股东会或者股东大会决议。前款规定的股东或者受前款规定的实际控制人支配的股东,不得参加前款规定事项的表决。该项表决由出席会议的其他股东所持表决权的过半数通过。”

上市公司对外提供担保,是影响公司经营的重大事项,应当充分考虑其风险,按照公司章程由公司决策机构(董事会、股东大会)做出决议。如果上市公司为公司股东或者实际控制人提供担保,当决策机构做出决议时,该股东或者实际控制人应当回避,不得参与表决,以免损害上市公司和其他股东的利益。

二是上市公司是否及时披露对外担保信息。对外提供担保是可能对股票价格产生较大影响的重大事件,是信息披露要求报告的内容之一,上市公司对外担保不履行信息披露义务,违反了法律法规的强制性规定,且可能损害不特定投资者的利益。《证券法》第67条第2款第3项以及第12项规定,公司订立重要合同,可能对公司的资产、负债、权益和经营成果产生重要影响的或国务院证券监督管理机构规定的其他可能对上市公司股票交易价格产生较大影响的重大事件,上市公司应当立即将有关该重大事件的情况向国务院证券监督管理机构和证券交易所报送临时报告,并予公告,说明事件的起因、目前的状态和可能产生的法律后果。第63条规定,发行人、上市公司依法披露的信息,必须真实、准确、完整,不得有虚假记载、误导性陈述或者重大遗漏。

有关上市公司的担保行为之所以在法律、法规和公司章程层面都做好了详细规定:一方面是来自担保的后果,任何一次对外担保都有可能承担最终偿付责任,从而给上市公司造成损失,进而损害全体股东包括广大中小投资者的合法权益,因此需要根据相关规定仔细研究论证,严格审议,谨慎决策把控风险。另一方面,上市公司是公众公司,广大中小股东有权对涉及自身权益的重大事项(包括对外重大担保)发表意见、投票决策，对于这种法定权利，任何人不得以任何方式剥夺。因此，广大中小投资者应密切关注公司公告，一旦发现上市公司的违法违规担保行为给投资者造成损失的，投资者应果断拿起法律武器，对相关责任主体、责任人提起索赔诉讼。

解惑上市公司商誉减值

2019年伊始,A股市场许多上市公司因为商誉问题备受关注。张大爷持股的上市公司,因计提商誉减值损失使公司当年的净利润直接为负,造成股价下跌。蒙受了巨大的损失的张大爷忧心忡忡,立刻联系了投服中心的小钟老师。

张大爷:小钟老师,我持股的上市公司发公告称计提商誉减值损失,请问什么是商誉啊?

小钟老师:按照《企业会计准则》第20号《企业合并》中的相关规定,非同一控制下的企业合并,购买方对合并成本大于合并中取得的被购买方可辨认净资产公允价值份额的差额,应当确认为商誉。A股上市公司的高额商誉,是随着不断增加的并购重组产生的。

张大爷:我看网上新闻,发现许多上市公司公告商誉减值,您怎么看待这种情况呢?

小钟老师:上市公司商誉是在并购事件中产生的,并购标的被夸大的业绩承诺为标的资产争取了更高的估值,标的资产的高估值直接造成了上市公司的巨额商誉。当业绩承诺无法兑现或承诺期满后盈利无法持续,上市公司必将面临商誉减值的巨大风险。不乏上市公司借实体经济承压、业绩下滑之际,主动计提商誉,遂产生"羊群效应"——集中计提商誉减值。这需要具体问题具体分析。

张大爷:监管机构有相关制度来规范商誉减值问题吗?

小钟老师:实际上,证监会在2018年11月16日根据《企业会计准则》《中国注册会计师执业准则》《资产评估准则》《公开发行证券的公司信息披露编报规则第15号——财务报告的一般规定(2014年修订)》等有关规定,发布了《会计监管风险提示第8号——商誉减值》,从商誉减值的会计处理及信息披露、商誉减值事项的审计和与商誉减值事项相关的评估等三个方面,就常见问题和监管关注事项进行说明,就商誉减值的会计监管风险进行了提示。

张大爷:小钟老师,商誉过高是不是风险较大呢?

小钟老师:从一定程度上可以这么认为,上市公司并购的标的资产在业绩承诺观察期内的运作相对独立,尤其是轻资产、核心价值是人力资源的公司,并购标的可以利用财务手段粉饰业绩。在承诺期满后,被并购方大股东或高管套现跑路,盈利无法持续,为上市公司商誉埋下隐患。另外,如果上市公司对于并购标的把控力较弱,将导致上市公司所支付的管理费用较高,从而拉低毛利率,净利润的增长乏力,做大了的市值无以为继。

张大爷:没想到呀,商誉减值原来存在这么大的潜在风险,今天听了小钟老师的解答,受益匪浅。谢谢小钟老师哈!以后我买股票的时候要好好研究一下商誉这个指标。以后有问题继续向您请教!

小钟老师:好呀,接下来孟博士会向您介绍一下《会计监管风险提示第8号——商誉减值》相关规定。

孟博士解读

《会计监管风险提示第8号——商誉减值》旨在揭示商誉后续计量环节的有关会计监管风险,不对商誉初始确认环节的有关会计监管风险专门提示。其中,对商誉减值的会计处理及信息披露作出了明确的规定:

(一)定期或及时进行商誉减值测试,并重点关注特定减值迹象

按照《企业会计准则第8号——资产减值》的规定,公司应当在资产负债表日判断是否存在可能发生资产减值的迹象。对企业合并所形成的商誉,公司应当至少在每年年度终了进行减值测试。

(二)合理将商誉分摊至资产组或资产组组合进行减值测试

按照《企业会计准则第8号——资产减值》的规定,对因企业合并形成的商誉,由于其难以独立产生现金流量,公司应自购买日起按照一贯、合理的方法将其账面价值分摊至相关的资产组或资产组组合,并据此进行减值测试。

(三)商誉减值测试过程和会计处理

按照《企业会计准则第8号——资产减值》的规定,在对商誉进行减值测试时,如与商誉相关的资产组或资产组组合存在减值迹象的,应先对不包含商誉的资产组或资产组组合进行减值测试,确认相应的减值损失;再对包含商誉的资产组或资产组组合进行减值测试。若包含商誉的资产组或资产组组合存在减值,应先抵减分摊至资产组或资产组组合中商誉的账面价值,再按比例抵减其他各项资产的账面价值。

其中,资产组或资产组组合的可收回金额的估计,应根据其公允价值减去处置费用后的净额与预计未来现金净流量的现值间较高者确定。

(四)商誉减值的信息披露

按照《企业会计准则》《公开发行证券的公司信息披露编报规则第15号——财务报告的一般规定(2014年修订)》的规定,公司应在财务报告中详细披露与商誉减值相关的、对财务报表使用者做出决策有用的所有重要信息。

股权质押知多少

小费阿姨：小钟老师，我前段时间看报纸，经常看到有关股权质押风险的新闻，提醒中小投资者要多加警惕，您可以为我讲解一下什么是股权质押吗？

小钟老师：股权质押，又称股权质权，是指出质人以其所有的股权作为质押标的物而设立的质押。

小费阿姨：我只听说过车子能质押，原来股权也可以质押！

小钟老师：对。根据我国《担保法》的规定，质押以其标的物为标准，可分为动产质押和权利质押。股权质押就属于权利质押的一种。股权质押作为一种担保物权，是为担保债权的实现而设立的，质押股权担保力的大小直接关系债权的安全，与质权人的切身利益相关，一旦触及质权人的利益底线，质权人将采取要求追加担保物、处置质押标的物等方式维护自身权益，出质人面临股权质押风险，并进一步引发相关风险。

小费阿姨：您讲的都是专业术语，我还是一知半解，可以说得通俗些吗？

小钟老师：简单来讲，就是出质人为了保证自己会还钱，而将自己的股权质押给质权人，让对方放心。一旦股价大跌，股权的价值可能接近或低于之前借钱的数额，那么这个时候质权人就会担心出质人的还钱能力，因而会要求追加担保物或者直接处置质押的股权以防利益受损。

小费阿姨：那为什么会有这么多大股东去质押股权呢？

小钟老师：股票质押融资对于大股东来说，具有交易简便、成本较低、限制较少的特点。具体来说，一是不涉及股票所有权的转移，不会产生财务和税收处理争议；二是融资利率较低，由于有流动性高、变现能力强的上市公司股票做质押，融资成本一般低于10%；三是限制较少，股票质押融资均设置预警线和平仓线，无须对客户资质、期限、资金用途等作过多限制。

小费阿姨：这么一说我就明白了。

小钟老师：不仅如此，股权质押的优势还有以下几个方面，一是可以维持大股东自身控制地位，股票质押期间，大股东仍享有公司事务的投票权，决定着公司的重大事项；二是可以实现杠杆收益，大股东借助股票质押融资将“静态”的长期投资变为“动态”的可用资本，间接“套现”；三是可以规避股权限售约束，当大股东面对资金困境但无法转让股权时,股票质押能规避限售问题。

小费阿姨:那股权质押会带来什么问题,会对中小投资者产生什么影响呢?

小钟老师:您这就问到点子上了。一是股票质押可能导致上市公司控制权非正常转移,例如,经过“股票质押借款协议—违约—仲裁—股权划转”整个过程,上市公司控股股东可能在不到1个月的时间内发生变更。二是会干扰上市公司正常经营秩序。大股东流动性会快速向上市公司蔓延传导,主要表现为投资者恐慌情绪加重,公司股价快速下跌;同时,公司业务开展能力可能会被供应商、客户质疑,导致经营款项回收困难,商业信用大幅萎缩;此外,金融机构拒绝放贷甚至提前抽回贷款等,极易引发上市公司的经营危局和财务危机。三是增加上市公司违法违规风险,导致停牌问题、信息披露问题、虚构业绩问题、占用资金问题、违规担保问题、业绩承诺落空等问题。

小费阿姨:那中小投资者应该如何防范此类风险呢?

小钟老师:就中小投资者而言,对于股权质押率很高的公司不要盲目投资,要多多关注公司的年报和企业的信息披露情况,仔细评估风险,做理性的投资者。

小费阿姨:谢谢小钟老师,这次真是增长了不少知识。

小钟老师:别客气!您平时也可以通过浏览“中国投资者网”了解更多新闻和权益知识。

第三章

维权小贴士

Handbook on Interests and Rights of Investors

第一节　投服中心纠纷调解案例

系统故障发生时　保存证据很重要

一、案件概要

投资者张先生于2017年在某期货公司开立了期货账户并交易。2018年3月6日，张先生欲使用交易系统进行××期货合约交易时，发现不能平仓，最终导致其资金损失。张先生联系期货公司问询情况，期货公司称："该情况为期货交易所系统故障，并非期货公司问题。"张先生随即联系期货交易所，期货交易所则回复："交易所系统没有任何问题。"

张先生认为，无论是期货公司还是期货交易所的问题，其损失都不应该由自己承担，故要求期货公司赔偿其资金损失。

二、主要争议

本案的主要争议在于投资者张先生认为其使用的交易系统系由期货公司提供，因为交易系统故障不能平仓，导致自己损失，自然应该由期货公司赔偿自己的损失。期货公司辩称：(1)投资者提出的资金损失，是否是系统故障造成的，并没有直接的证据；(2)交易系统是期货交易所提供，发生任何问题，并不是期货公司可以控制，故损失不应由期货公司承担。

三、调解过程

投服中心调解员介入调解后，首先核实双方争议焦点的事实，根据"谁主张、谁举证"的原则，调解员要求投资者张先生提供系统发生故障时的证据材料。张先生表示当时急着操作,并未在电脑上保留证据。但当时自己曾致电期货公司,故期货公司的客服电话录音应该有相应的对话记录。而且当时期货公司并未否认故障的存在,仅表示故障并非期货公司的问题。

调解员与期货公司取得联系,并调取相应通话记录。期货公司表示,当时张先生一再表示自己无法平仓,认为是交易系统故障,但是公司客服仅凭电话沟通,无法判断张先生电脑端的情况,故做出的意思表示为即使因为系统故障无法平仓,该故障亦非期货公司的问题,并不能直接认定为事实上对于系统故障的承认。

根据双方提供的证据,在系统故障是否存在的问题上,投资者张先生因为没有及时妥善地保留相应的证据,承担比较大的责任。当然,期货公司客服在问题解答过程中,亦存在瑕疵。

期货公司同时表示,因为交易系统为期货交易所提供,同时客户网络对接的也是期货交易所的接口,即使故障真实存在,责任也不应当由期货公司承担。

针对期货公司的抗辩,调解员进行了耐心的讲解,虽然交易系统并非期货公司设计和维护,却系期货公司提供给投资者用于传达交易指令的工具。因此,期货公司对张先生负有通知、协助、保护等合同附随义务,应善意勤勉地避免给投资者造成损失。故期货公司认为交易系统系他人设计、维护,其不应承担责任的抗辩显然不符合法律规定。类似的案件,在2013年“邱绪奎诉鲁证期货案”中,上海市高级人民法院终审判决已经有了比较明确的论述。

通过调解员系统的法律规定讲解和案例分析,期货公司意识到了自身的问题所在,但对投资者主张的损失金额仍存有疑义。基于本次交易投资者损失并不是很大,加之自身在问题处理过程中存在瑕疵,经过调解员耐心协调,纠纷双方对损失金额基本达成共识。为便于操作,期货公司最终通过退还张先生账户部分留存手续费的形式,对投资者进行了补偿,至此纠纷得到圆满解决。

四、案例点评

1. 投资者在证券期货交易当中使用的交易系统,多为市场机构主体提供。不同公司使用的不同系统,虽大同小异,但不排除存在较大差异的可能。故在使用系统交易前,一定要弄清楚系统安装使用的环境,避免系统冲突导致的错误。同时,投资者还应当熟悉交易系统,避免误操作。

2. 投资者对于操作过程中遇到的问题,特别是无法交易的情况,一定要及时保存好相关证据，最好是通过截图或录像的形式，将当时的情况记录下来。并且对于发生问题的电脑，注意后续减少操作，以备日后争议发生时对于电脑本身进行鉴定。

3. 期货公司提供的交易系统，多数由第三方开发和维护，为避免系统故障导致的客户索赔，可以和第三方进行约定，如因为系统故障引起的客户索赔，期货公司进行赔偿后，第三方应无条件向期货公司进行赔偿，以减少日后追偿的时间成本和诉讼成本。

（个案分析加工，请勿对号入座）

合同条款未看清　两融强平引纠纷

一、案情概要

张某在某证券公司开通了信用账户,并通过信用账户持有股票。2015年9月张某信用账户所持有的股票遭遇停牌,张某对此也并未在意。2015年10月张某收到营业部通知,其信用账户维持担保比例低于平仓线,需要追加担保,否则证券公司会对其账户进行强行平仓。张某觉得十分意外,其信用账户所持股票最近并未交易,而且股票的价格也未下跌,账户的维持担保比例不应该降低。张某立即赶到营业部,通过查看账户状况发现,该证券公司对其信用账户持有的停牌股票未按停牌前最后一个交易日的收盘价而是按照公允价格计算维持担保比例,而公允价格低于停牌前最后一个交易日的收盘价,导致张某账户的维持担保比例低于平仓线。张某觉得该证券公司操作违约,遂向投服中心申请调解。

二、主要争议

投资者张某认为,该证券公司对其信用账户持有的停牌证券按照公允价格计算市值是违反合同的,在此之前都是使用股票的市场价格即前一交易日的收盘价格进行计算。而证券公司认为,信用账户股票停牌后,公司依据停牌股票的公允价格计算维持担保比例,是符合合同约定的。

三、调解过程

投服中心调解员在介入该案调解后,首先核查了该投资者张某与证券公司签订的融资融券业务合同,发现了合同的条款约定:“信用证券账户内的证券,出现被调出可充抵保证金证券范围、被暂停交易、被实施特别处理等特殊情形或者因权益处理等产生尚未到账的在途证券,证券公司在计算维持担保比例时,可以按照公允价格或其他定价方式计算其市值。”同时,根据上海证券交易所《融资融券交易实施细则》第40条的规定:“会员应当对客户提交的担保物进行整体监控,并计算其维持担保比例……客户信用证券账户内的证券,出现被调出可充抵保证金证券范围、被暂停交易、被实施特别处理等特殊情形或者因权益处理等产生尚未到账的在途证券,会员在计算客户维持担保比例时,可以根据与客户的约定按照公允价格或其他定价方式计算其市值。”调解员在了解相关情况后，告知投资者张某，融资融券合同中已经明确，证券公司可以按照公允价格计算其市值。张某信用账户的股票停牌后，证券公司按照约定在计算维持担保比例时以停牌股票的公允价格计算其市值是符合约定的。而该停牌股票的公允价格低于停牌前最后一个交易日的收盘价，导致张某账户的维持担保比例低于平仓线，在通知张某追加担保未果后，对其账户进行强制平仓是符合合同约定的。张某在听完调解员的讲解后，表示自己当时在签署融资融券合同时，并未注意到该条款。而证券公司表示，客户张某在开户时，营业部工作人员已经将该条款向张某进行重点讲解。同时，在签署合同后，证券公司还要求张某签署了《融资融券客户须知》，在该须知里，该条款也进行了字体加粗加黑重点提示。张某在看到客户须知的本人签字后，顿时哑口无言，悔恨自己在签署合同时没有仔细查看条款。张某表示，此次纠纷错在自己，原谅了证券公司，同时还表示以后会吸取经验教训，看清合同条款。至此，该起纠纷得到圆满解决。

四、案件启示

1. 证券市场在不断发展和变化，新业务、新产品不断推出，投资者在开通新业务或购买新产品时，要主动了解业务产品的信息、特点、风险，阅读合同书，不可在无所了解的情况下，草率地签订合同书，避免因为条款没看清而产生纠纷。

2. 证券公司在依据与客户签署的合同约定对客户的账户进行相关处置时，应当主动及时联系客户，详细告知处理的相关依据，避免因为自身没告知清楚而导致客户产生误解，从而引发不必要的纠纷。

（个案分析加工，请勿对号入座）

投资新三板　流动性风险莫忽视

一、案件概要

吴某 2015 年年初经朋友介绍投资了某公募基金公司子公司(以下简称管理人)发行的某资管产品,投资金额为 200 万元,该产品主要投资方向为新三板挂牌公司股票,产品存续期为 3 年。产品存续期满后,管理人对该产品进行了清算,清盘日前一交易日的单位净值约为 0.79 元,但由于部分标的停牌和市场流动性不足,清算后该产品仍然持有部分新三板挂牌公司股票,清算后每份额实际分配约 0.55 元,吴某实际分配金额约为 110 万元。吴某认为管理人在产品销售过程中存在夸大投资收益的行为,运作过程中未向吴某主动披露投资信息,产品清算也未经持有人大会表决通过,故要求管理人赔偿自己的剩余投资本金 90 万元以及产品存续期间的利息 30 万元,共计 120 万元。管理人以投资者应自行承担投资损失为由,拒绝了吴某的赔偿要求。吴某遂向投服中心提交了调解申请,经征询,管理人表示愿意在投服中心主持下进行调解。

二、主要争议

吴某与管理人纠纷的主要争议集中在以下三个方面:一是管理人在产品销售过程中是否存在夸大宣传;二是管理人是否履行了合同约定的信息披露义务;三是管理人是否有权未经持有人大会表决而对到期产品进行多次清算。

三、调解过程

投服中心受理该案后,组织纠纷双方选定了三位熟悉资管产品业务的专家调解员调解该案,一周后进行了首次面对面调解。

调解过程中,吴某表示:当时决定投资该产品时,管理人对投资业绩有过承诺,但是当时没有留下录音或者其他书面证据。其在投资该产品后,曾多次拨打管理人客服电话,但是客服人员非常不专业,未提供查询产品信息的有效路径,只提供了客户经理的手机号码,但是该手机无法接通。他将该情况反馈给客服人员,客服人员查询后告知该客户经理已经离职,无法获得其有效联系方式。吴某与客服人员的通话有录音为证,随时可以提供。

管理人针对吴某的陈述,逐一作出了解释和说明:

一是夸大宣传问题。管理人表示,由于 2015 年年初产品发行时,正值主板和新三板市场快速上涨期,确实存在对产品预期过于乐观的情绪,但并不存在夸大宣传。

二是信息披露问题。管理人表示,信息披露方法在资管合同中有约定,但是确实存在投资者查询路径不清晰的问题,客服解答不到位,给投资者造成困扰,对此向吴某表达歉意。

三是清算问题。管理人表示,由于新三板流动性不足,只能通过转主板上市或者被收购的方式退出,其中几只股票正处于被收购、转板的关键时期,待转板成功后再进行清算可以获得更大的收益。除正在转板的公司,余下的新三板公司股票也存在流转困难的情况,本着对投资人负责的态度,管理人拟通过多次清算的方式逐步退出。但是,根据合同约定,召开份额持有人大会并不是清算的前置条件,管理人仍然坚持“买者自负”原则,因此无法满足吴某的赔偿要求。

在纠纷双方充分表达自己观点的基础上,调解员采取“背靠背”调解的方式,分别做纠纷双方的工作,力求就赔偿问题尽量弥合双方之间的差距。在调解员耐心细致的劝说和调解下,投资者逐步意识到目前产品尚未清算完毕,投资损失无法计算,甚至该产品仍然存在盈利的可能,让管理人赔偿投资损失和利息确实于理无据;管理人也意识到自身在信息披露和客户服务方面确有瑕疵,故表示愿意以适当的方式补偿投资者。调解员趁热打铁,组织纠纷双方就赔偿问题再次进行面对面调解,最终吴某放弃了赔偿投资本金损失和利息的诉求,管理人也表示愿意退还一半的管理费用,双方达成和解。

四、案例点评

1. 根据《证券期货投资者适当性管理办法》第 17 条的规定,当产品或者服务因无公开交易市场、参与投资者少等因素难以在短期内以合理价格顺利变现的,经营机构应当审慎评估其风险等级。投资者在投资新三板股票时,也要充分考虑新三板股票的流动性风险,尽量投资与自身风险等级相匹配的产品。

2. 机构在做好标的筛选、投后管理以及退出策略等投资链条的梳理打造的同时,也要加强与投资者的沟通与联系,及时履行合同约定的信息披露义务,同时加强对客服人员的教育培训,为客户提供良好的投资体验。

(个案分析加工,请勿对号入座)

佣金调整引争议　专业调解化纠纷

一、案件概要

某证券营业部客户陈某向投服中心反映,当初在营业部开户时佣金是按1.8‰的标准收取,后2015年年初到营业部完善二代身份证信息时得知佣金费率降为0.31‰,当天便填写了《佣金调整申请表》。2017年3月陈某在查看账户时发现,佣金还是按照1.8‰收取的,于是跟营业部沟通,营业部承认因工作疏忽,没有把陈某的佣金下调,经双方协商,营业部作为补偿将陈某的佣金费率下调至最低。2017年12月陈某查询了佣金数额,发现因营业部疏忽而未下调佣金费率的这段时间,自己多交了4.6万元左右佣金,与前期营业部告知的金额不符,认为营业部存在欺诈行为,要求其退还多收取的佣金。

二、主要争议

双方主要争议在于陈某认为自己提出佣金调整申请,而营业部并没有为其办理,导致自己多交了4万多元的手续费,故要求营业部退还;而营业部认为通过核查陈某的开户资料及相关留存档案等,没有发现陈某申请佣金调整的任何材料,而且考虑到陈某交易量比较大,已将其佣金费率降至最低,当时双方已达成一致并无异议,陈某1年后再提出退还要求并不合理。

三、调解过程

投服中心调解员介入该案调解后,一方面,在耐心聆听陈某对事情经过的详细叙述及其与营业部沟通调整佣金过程的录音后,向陈某解释基于2015年证券市场行情的大背景,营业部调整佣金是普遍现象,且在工作量巨大的情况下,可能存在工作疏忽的状况。另一方面,调解员向营业部释明由于工作人员办理业务时存在的疏忽导致的投资者损失,营业部不能免责。在双方僵持不下的情况下,调解员与双方进行了背靠背沟通,在证券公司方面,向其强调营业部应该以《证券交易委托代理协议指引》作为范本,根据规定的方式和期限保存投资者的委托凭证等资料,营业部承认工作存在不足,答应退还多收取的部分佣金。在客户陈某方面,向其充分说明营业部当时只是业务办理量比较大,工作存在疏忽,并不是欺诈行为,同时客户作为投资者也应该时刻关注账户的费用收取情况，时隔近两年才发现佣金收取过高，也需承担一定责任。

经过调解员的耐心调解，营业部答应退还陈某佣金 3 万元，并维持对陈某收取最低佣金费率的标准不变；陈某心结得以打开，情绪得到平复，纠纷最终圆满解决。

最后，投服中心回访陈某时，也建议其在今后交易中对佣金等相关费用的收取有所关注，陈某表示认可，并对投服中心表示感谢。

四、案例点评

1. 证券经营机构应加强工作人员的职业能力，完善机构合规、人员、培训等管理机制，加大对业务办理环节的复核及检查力度，督促工作人员学习业务知识和规章制度，确保不再出现类似的情形。

2. 投资者应在交易过程中关注相关费用的收取，若发现实际收取水平与此前约定的标准不一样，应及时向证券公司反映，减少不必要的损失。

（个案分析加工，请勿对号入座）

手续费调整应规范　专业调解化坚冰

一、案件概要

2016年5月投资者张某与某期货营业部签订期货开户合同,约定以某交易所公布的手续费的2.5倍作为张某进行期货交易的手续费。后因张某交易量较大,双方通过口头约定,将张某的交易手续费调整为某交易所公布的手续费的1.2倍。2017年12月张某核算后发现该期货营业部对其部分期货交易收取的手续费超过约定标准。期货营业部辩称:因为交易所对于手续费频繁出台调整政策,营业部是依据交易所公布的手续费调整张某的交易手续费。张某和营业部共同调取交易记录,发现营业部在交易所上调标准后上调了该客户手续费,但下调标准时,营业部未同步下调该客户手续费,故2016年至2017年,投资者张某在交易自己的期货品种时,被收取的手续费远高于双方之间的约定。投资者遂要求退还多收取的手续费,按照多收取部分的3倍进行赔偿,并向其赔礼道歉。营业部与张某多次沟通,双方无法达成一致,导致张某通过电视台、互联网、"12386"等多种渠道进行投诉。2018年1月期货营业部向投服中心提出调解申请。

二、主要争议

张某认为自己作为期货营业部的客户,自然具有消费者的身份,期货营业部只上调手续费,不下调手续费,并且完全不告知客户,属于欺诈行为,应根据《消费者权益保护法》,退一赔三。期货营业部认为手续费多收的事实不可否认,但属于工作人员工作疏忽导致,不存在欺诈,故虽应退还多收手续费,但不应赔偿三倍之多。本纠纷的争议焦点如下:一是多收取手续费如何计算;二是赔偿金额如何确定。

三、调解过程

投服中心工作人员介入调解后,首先核实双方争议焦点的事实,通过与双方当事人充分沟通,反复征求意见,同时考虑到张某聘请了专业的代理律师,经营机构也派出的是专业法务人员,为了使双方信服,最终选定某著名大学法学教授作为本案首席调解员。

由于本案中张某期货交易量比较大,故以2.5倍交易所标准(双方开户约定)和

1.2倍交易所标准(口头约定)计算多收取手续费结果差异悬殊。在调解过程中,调解员根据消费者权益保护相关法律法规与司法解释,并结合法院大量既有案例和相关理论研究成果,重点围绕本纠纷是否适用《消费者权益保护法》,以及民事欺诈赔偿金额确定等争议焦点展开调解,以案释法,与双方当事人进行了多次细致深入的沟通。经调解,双方同意按照1.2倍交易所标准计算多收取的手续费,退还多收取的手续费并额外补偿投资者一些经济损失,至此纠纷终于得到圆满解决。

四、案例点评

本案争议金额较大,且计算标准不同,结果差额较大。调解员的专业知识和实践经验对于案件的成功调解起到了强有力的保障作用。调解过程中,调解员对双方当事人反复做工作,尤其是具有主导权的投资者一方,"以法说法",假设其诉讼至法院判决,则在适用《消费者权益保护法》的前提下,赔偿金额计算标准应为2.5倍交易所标准(双方开户约定),其赔偿金额与双方和解结果(按照1.2倍交易所标准计算多收取的手续费,退一再补偿一些经济损失)金额基本一致,故本调解方案对于双方当事人都是"最优选项"。

本案主要系因营业部调整手续费不规范而引起的。《国务院办公厅关于加强金融消费者权益保护工作的指导意见》(国办发〔2015〕81号)明确规定:"保障金融消费者知情权。金融机构应当以通俗易懂的语言,及时、真实、准确、全面地向金融消费者披露可能影响其决策的信息,充分提示风险……"期货交易手续费是影响投资者决策的信息之一,期货经营机构应该严格规范调整手续费流程,在调整投资者手续费费率时,应该严格按照双方约定标准,充分保障投资者合法权益,这是诚信执业的基本要求。同时,应该做好手续费调整的告知工作,避免同类事件再次发生。

另外,投资者在交易过程应及时关注手续费收取情况,若发现有疑问,应及时向营业部反映;同时,也不要轻信营业部工作人员的口头承诺,应以书面形式与营业部进行明确约定,保护自身合法权益。

(个案分析加工,请勿对号入座)

调解陷信任危机　公证提存解难题

一、案情概要

2016年5月投资者王某经好友介绍认识了某证券公司营业部业务经理张某,张某向王某讲述了公司的理财产品风险低、收益高。王某在听完张某的介绍后,于是向张某先后转账300万元用于购买理财产品。2018年1月18日,投资者王某打电话向证券公司了解其理财产品收益情况,但是证券公却确告知其未在公司购买任何理财产品的记录。当天,王某找到客户经理张某,才发现王某将其300万元资金转给张某后,张某并未将该资金用于购买理财产品,而是将其非法挪用进行炒股,后由于行情亏损,张某一直未能归还该笔资金。证券公司在了解情况后,向公安机关进行了报案,业务经理张某畏罪潜逃,一直未归案。客户王某找到该证券公司要求赔偿,证券公司认为王某行为存在不妥,也应承担责任,于是双方向投服中心提出调解申请。

二、主要争议

投资者王某认为,张某是该证券公司的员工,其行为应属于职务行为,要求证券公司全额赔偿其本金300万元。而证券公司认为,客户王某将资金转到客户经理张某的私人账户的行为也是不妥的,客户王某自己也应承担一部分责任。本案中证券公司原业务经理张某因涉嫌侵占投资者资金的刑事犯罪而潜逃,投资者就证券公司在其中的责任向证券公司提出索赔,双方多次沟通未达成和解。反反复复,投资者王某对于证券公司已经逐渐失去信任,认为他们没有诚意解决问题,便坚持要求证券公司向第三方提交一定金额的保证金后才愿意再次进行调解沟通。

三、调解过程

投服中心调解员在介入该案调解后,首先,为了解决双方的信任危机,在正式开展调解前,与双方进行了多次的磋商,通过由证券公司在公证机关专户提存200万元资金,只要双方达成调解协议,公证机关可以将该提存资金用于向投资者王某支付调解协议约定的赔偿金额的方式,解决了双方的信任基础问题。投资者王某在得知证券公司已经向公证机关提存了200万元资金后,逐渐认可了证券公司解决问题的诚意。其次,对于证券公司提出的投资者王某不应该将用于购买理财产品的300万元直接转给原业务经理张某，正确的做法应该是转给该证券公司的营业部，就是要做到对公转账。在这个过程中，投资者王某就是因为太过于信任张某，导致其转账都是直接转给张某的私人账户。调解员在了解相关情况后，指出了客户王某的行为客观上给张某挪用其资金造成了便利，应当承担一定责任。王某在听完调解员讲解后，也逐渐认识到自身的问题，愿意将索赔金额降低到250万元。证券公司也同意了王某的方案，由证券公司先行向客户王某支付250万元本金损失，同时王某将向张某进行追偿的权利部分转让给该证券公司。最终，双方达成调解协议，证券公司向王某支付50万元后，根据调解协议，由中心协调公证机关，将提存公证的200万元资金也转到王某的账户。至此，双方纠纷得到有效化解。

四、案件启示

1. 在纠纷调解过程中，经常会面临一种比较尴尬的境地，即投资者要求先拿到赔偿，才愿意撤销投诉、举报，而机构方则担心就算给了赔偿，投资者不撤诉，自己也没有任何办法。调解工作往往处于这种互不信任的氛围下，以致无法达成最终协议。通过资金提存公证的方式，可以一举多得解决上述问题。首先，办理资金提存公证事先需要双方共同签订资金提存协议书，这一过程本身就是一个达成共识的过程，可以在正式调解前，使双方信任感逐步建立，创造一个良好的调解氛围；其次，提存方通过存入资金，展现解决问题的诚意，投资者心理上得到一种安慰，更容易配合机构方的有关诉求；最后，有了公证提存资金的存在，对于调解协议的执行也是有效的保障，因为资金提存后，在公证机关监督下，提存方将无法主动反悔，只要投资者完成调解协议规定的义务，就可以直接取得提存资金，从而更有利于中小投资者利益保护。

2. 本案是资本市场纠纷调解中首次使用资金提存公证手段促成调解的案例。资金提存公证手段对于缩短调解周期、降低投资者维权成本、提升调解成功率、提高调解权威性以及保障调解执行等方面都具有重要的意义。

（个案分析加工，请勿对号入座）

疑难虚假陈述案 调解工作有新解

一、案情简介

2016年A上市公司因虚假陈述行为,公司及其责任人受到中国证监会行政处罚,其股价因此受到重创,投资者损失惨重。300多名投资者就A上市公司虚假陈述行为导致的损失向某地中级人民法院提起了赔偿之诉。该案历时较长,涉及投资者众多,加之案情复杂,如果只是单纯地依照每份起诉书个案处理,不仅耗费大量人力、物力,而且效率低下,不能迅速解决广大投资者的需求,容易滋生不满、对立情绪。

因为当地中级人民法院与投资者服务中心签署了诉调对接协议,故将该疑难案件委托投资者服务中心进行诉中调解。投资者服务中心调解解决的案件具有高效、双方接受度高的特点,而这正是本案所需要的。经分析,本案主要争议焦点有两个,一是如何确定虚假陈述实施日、虚假陈述揭露日、基准日和基准价;二是损失计算方法关于系统风险扣除比例及诉讼时效的起算点。

二、调解过程及结果

投资者服务中心受理该案后,专门从北京遴选了3名既有法院审判经验,又有丰富的专业知识和调解技巧的专家组成调解员队伍。但实际进入调解进程后,调解员发现由于我国法律目前针对虚假陈述行为虽有相关的司法解释,但因发布时间较早,规定比较笼统,具体到个案,仍有大量的细节没有明确规定。大量投资者及其代理律师对有关虚假陈述实施日、虚假陈述揭露日、基准日、基准价以及系统风险扣除比例等关键性问题有着不同的理解,加上上市公司一方对于上述问题同样有不同的解释,各地法院针对不同案件的判例各有侧重,导致无法拿出一个令人信服的权威计算标准。并且调解员在沟通过程中还发现上市公司对于通过调解解决问题的热情不够,对于投资者服务中心在调解中的中立地位始终持怀疑态度,认为投资者服务中心必然更倾向于中小投资者,对于调解员给出的解决方案接受度不高,调解工作陷入僵局。

针对上述情况,投资者服务中心启动了调解专家委员会评议制度,调解专家委员会是在投资者服务中心领导下,专门设立用于处理资本市场领域疑难纠纷案件调解指导工作的专家组织。专家委员会委员从投资者服务中心已有的调解员中进行遴选,既要精通所从事专业的行业规范和专业知识,同时也要有丰富的调解工作经验。由于本案涉及多方利益,案情错综复杂,争议焦点针锋相对,专家委员会挑选了委员会中的专业律师、高校教授、业内资深从业人员从不同角度对于争议焦点——虚假陈述实施日、虚假陈述揭露日、基准日和基准价、有无系统风险、诉讼时效的起算点等五个方面进行论证。经过近1个月深度调研及与本案双方多次沟通,专家们从各自角度给出了一份中立的第三方参考意见,最后本案调解员将各领域专家参考意见综合为一份完整全面的报告。随后又组织了一次由专家代表列席的现场调解,调解员将报告内容交于调解双方,并较为详细地介绍了报告形成方式,调解双方对于报告中的观点十分认同,均表示同意接受报告中的专家意见。最终近200名投资者与上市公司签署了调解协议,上市公司在最短时间内给付了赔偿款,大部分投资者的情绪得到安抚,社会反响良好。

三、案件评析及启示

目前投资者服务中心与多地法院都签署了诉调对接的协议,建立了长期良好的合作关系。从目前法院转交的诉前和诉中调解案件来看,上市公司虚假陈述赔偿案件占有很大比重。面对这类案件,如果坚持以诉讼方式处理为主,则维权成本极高,不但不利于中小投资者利益的保护,同时对于上市公司而言也是巨大的负担。通过专业调解方式,可以有效平衡投资者维权救济和维护市场稳定的张力,便捷高效地实现“案结事了人和”的多赢局面。

不过,由于证券虚假陈述纠纷涉及投资者众多,地域分布广,社会影响大,加之相关法律处理细则的缺失,导致纠纷处理过程很难取得多数人的认同。投资者服务中心专家委员会评议制度在证券虚假陈述纠纷调解中的应用,为上述难题的解决提供了一个良好的思路。因为投资者服务中心在调解过程中作为裁判员或调解员,其在证券期货专业领域并没有太多的权威性,故在虚假陈述案件的关键点上给出的判定和意见并不能得到案件双方的认可,从而使案件的判决或调解结果并不理想。调解专家委员会评议较好地解决了这个问题,通过不同领域的专家有针对性的研究,给出多角度意见,最后综合形成专家意见报告,一方面,因为专家并不涉及本案任何一方,中立性更容易被接受;另一方面,专家意见的权威性也更容易被认可。随着案件双方对于此类案件关键点认定标准达成共识,案件的解决自然水到渠成。

(个案分析加工,请勿对号入座)

委托调解减诉累　多元合作化纠纷

一、案件概要

2015 年 8 月某上市公司收到中国证监会出具的行政处罚决定书,其虚假陈述行为受到了行政处罚。随后,部分投资者就该公司的虚假陈述行为向某中级人民法院提起诉讼。2017 年 9 月该中级人民法院对投资者的赔偿诉讼请求作出判决,判令上市公司就其虚假陈述行为对投资者造成的投资损失进行赔偿。截至 2017 年 11 月,分别委托不同代理律师提起诉讼,但人民法院尚未作出判决的投资者尚有 130 余名,投资者索赔需求迫切,法院面临的审判任务较重。

二、主要争议

由于上市公司虚假陈述事实清楚,人民法院已有针对该项虚假陈述行为的生效判例,上市公司有意向投资者做出相应赔偿,争议的焦点在于采信证据来源、信用账户是否合并计算以及投资者获赔金额和赔偿到位时间等具体问题。

三、调解过程

该中级人民法院联合投服中心和某证券期货纠纷调解组织,根据最高人民法院和证监会关于建立健全证券期货纠纷多元化解机制、加强诉调对接关系的工作精神,就该起虚假陈述案件进行了讨论,研究快速化解纠纷方案。两家调解组织挑选专业调解员及时与投资者和上市公司进行了沟通。由于投资者已向人民法院提起诉讼,调解并非唯一解决途径,投资者及其委托代理人对通过调解获得赔偿信心不足,部分委托代理人甚至存在抵触情绪,而上市公司也因存在再审意愿,对调解的热情也不够高。面对困难,两家调解组织在法院支持下,将调解更为灵活、便捷、迅速的优势作为重点,加强对纠纷双方的说服工作。经过多次沟通引导,纠纷双方对调解的认可度逐渐上升,最终同意通过调解解决彼此纠纷。人民法院根据司法程序,向两家调解组织发送《委托调解函》,正式委托两家机构对该案进行调解。

纠纷双方进入调解程序后,部分投资者坚持要求按照法院判例中的标准获得赔偿;但上市公司认为,调解较诉讼方式更为简便,投资者通常会早于诉讼方式获得赔偿,考虑到时间成本问题,上市公司的赔偿标准应在判例基础上适当下调。除此之外，纠纷双方就交易数据的采用和信用账户是否合并计算等问题也各执一词，较难达成一致意见。调解组织参照判例认定的侵权事实，依据法院从登记结算机构调取的账户信息和交易数据，根据生效判例采用的计算方法进行计算，很快就制定了赔偿方案。与此同时，一方面，针对调解方式耗时较短、赔偿更快的优势，加强对投资者的说服工作；另一方面，为打消投资者顾虑，说服上市公司设立专门赔偿账户，在账户中留存足够的赔偿金额，并由调解组织进行账户共管，以便在达成调解协议后能够迅速完成赔偿金划拨。经过反复沟通，上市公司开立了共管账户并按照赔偿方案要求存储了足够资金。在调解员的说服和共管账户的保障下，大部分投资者最终同意了赔偿方案确定的赔偿标准。调解员积极引导双方签署了调解协议书，上市公司按照赔偿方案给予投资者经济赔偿，该案以调解方式结案，双方纠纷得到顺利解决。

四、案例点评

1. 证券虚假陈述案件一般涉众较多、影响较大，纠纷化解任务较重，法院在处理证券虚假陈述案件的时候往往面临人员数量、司法程序等方面的限制，现有的司法资源较难满足纠纷双方快速解决争端的需要。调解是比诉讼成本更低、周期更短、操作更为灵活的纠纷处理方式，投资者合法权益在受到上市公司虚假陈述行为侵害的时候，可以向专业三方调解机构寻求帮助，通过调解的方式缩短纠纷解决周期，降低纠纷处理成本，提高纠纷解决的效率和效益。

2. 上市公司要提高治理和管理水平，提升诚信度和责任感，遵守国家法律法规，避免虚假陈述行为。在因虚假陈述等行为引起纠纷的时候，要抱着解决问题的心态，真诚沟通，积极配合法院和调解组织工作，最终通过化解纠纷，维护自己的长远利益。

（个案分析加工，请勿对号入座）

政策变化引纠纷　专业调解来助力

一、案情概要

投资者李某于 2016 年 6 月在某证券公司营业部购买了定增资管产品,根据合同约定,该产品于 2017 年年底到期清算。2017 年 5 月 26 日,证监会公布了《上市公司股东、董监高减持股份的若干规定》并自公布之日起施行。故该产品到期时,根据该规定中最新的监管要求,产品中的部分股票无法在合同到期时及时变现。投资者李某认为证券公司应当承担违约责任,故要求证券公司进行赔偿。

二、主要争议

李某认为该证券营业部在签订合同时,未提示政策风险,存在虚假销售及虚假宣传,因此要求该证券营业部及相关销售人员赔偿产品在合同期内未全部清盘所造成的损失及利息。

然而,营业部及相关销售人员则认为,在合同中有相关条款明示政策风险且合同是经投资者签字确认的,其销售中不存在违法违规的情况,因此,其不应当承担赔偿责任。

双方当事人多次协商未果后,于 2018 年 6 月到投服中心申请调解。

三、调解过程

投服中心受理该案件后,为消除当事人认为调解结果可能存在不公的顾虑,指定 1 名资深专业律师以及 1 名资深证券经营机构分支机构负责人担任调解员,双方当事人均对调解员选定表示认可。

该案件采用了"面对面"和"背靠背"相结合的调解方式。在"面对面"调解过程中,双方就该纠纷的基本事实达成一致、均无异议,但是在赔偿责任的认定方面产生了巨大分歧。调解员当即中止面对面调解,并将当事人安排到独立的调解室进行"背对背"调解。在"背靠背"调解的过程中,调解员一方面安抚李某情绪,同时也提醒其应该冷静分析思考问题,厘清其中的主客观原因,按照"买者自负"的原则,李某需要承担主要的责任;另一方面,调解员要求证券营业部加强投资者合法权益保护意识,落实客户适当性管理工作中的相关规定。销售人员在产品销售过程中,口头上的确未尽到充分提示风险的义务,导致投资者对合同条款理解不清,产生误解,最终导致亏损,按照"卖者有责"的原则,证券营业部及销售人员应当承担一定的责任。虽然此案件中的销售人员已经离开该证券营业部,但是该营业部仍应承担相应的主体责任,并应给予投资者适当的补偿。

最终,证券营业部及相关销售人员共同给予投资者一定的经济补偿,达成和解、签署调解协议书,并成功向法院申请司法确认,纠纷顺利解决。

四、案件启示

从以上案件中,我们可以得到以下几点启示:

1. 各证券期货经营机构应当加强投资者的服务工作。在销售产品的过程中,要做到耐心、细致,对于可能引起合同变更的条款应当进行充分解释说明。

2. 各证券期货经营机构应当加强对从业人员的管理,尤其是加强对销售人员营销行为的管理和监督。并应要求营销人员定期对客户进行回访,及时关注购买产品的政策变化,做到"卖者有责"。

3. 投资者应树立正确、理性的投资理念,在购买证券期货经营机构代销的产品时,应当全面了解产品的风险及自身的风险承受能力,做到"买者自负"。

4. 选择以调解的方式解决纠纷,具有申请便捷、程序简便、周期短、专业性强等优势,且调解对双方当事人不收取任何费用,调解协议经司法确认后能获得强制执行力,能有效避免纠纷的反复。

(供稿单位:中证宁波调解工作站)

(个案分析加工,请勿对号入座)

以案说法之特邀调解

一、案例简介

近日,投服中心收到某市中级人民法院发出的《委托委派调解函》,邀请投服中心对某上市公司虚假陈述案件进行诉前委派调解,并随函移交相关案件材料。投服中心根据双方签署的《证券期货纠纷调解合作协议》和《投服中心调解规则》,接受委派后立即启动调解工作流程。本案事实清楚,前期该法院已就投资者起诉该上市公司虚假陈述案审结一批,并形成生效判决。因此,调解员参照上述判决认定的侵权事实和赔偿标准,很快制定了赔偿方案,并征得投资者和该上市公司的同意,双方签署了调解协议书,上市公司按照赔偿方案给予投资者经济赔偿,投资者不再就该起虚假陈述案提起诉讼,纠纷得到顺利解决。

二、案例点评

2018 年 11 月 13 日,最高人民法院、中国证监会联合印发《关于全面推进证券期货纠纷多元化解机制建设的意见》,要求“落实委派调解或者委托调解机制”。此次诉前委派调解是构建诉调对接平台的一次成功实践,调解成本低、周期短、操作灵活的优势得到充分发挥,使投资者在不通过诉讼的情况下迅速实现自身合法权益的主张,有效缓解了上市公司的诉累,大大减轻了法院的审判压力,节约了司法资源,充分体现了调解在提高司法资源利用率和便利投资者方面的积极作用。

三、调解小贴士

1. 哪些法律法规对特邀调解作了规定

《最高人民法院关于人民法院特邀调解的规定》(法释〔2016〕14 号)、《民事诉讼法》等均对委托委派调解作了明确规定。

2. 什么是特邀调解

特邀调解是指人民法院吸纳符合条件的人民调解、行政调解、商事调解、行业调解等调解组织或者个人成为特邀调解组织或者特邀调解员,接受人民法院立案前委派或者立案后委托依法进行调解,促使当事人在平等协商基础上达成调解协议、解决纠纷的一种调解活动。

3. 投服中心是特邀调解组织吗

《最高人民法院、中国证券监督管理委员会关于在全国部分地区开展证券期货纠纷多元化解机制试点工作的通知》(法〔2016〕149 号)中明确将投服中心列为 8 家证券期货纠纷多元化解机制试点调解组织之一。

4. 特邀调解应当遵循什么原则

(1)当事人平等自愿;

(2)尊重当事人诉讼权利;

(3)不违反法律、法规的禁止性规定;

(4)不损害国家利益、社会公共利益和他人合法权益;

(5)调解过程和调解协议内容不公开,但是法律另有规定的除外。

5. 什么是委派调解

委派调解,是指对适宜调解的纠纷,登记立案前,人民法院经当事人同意邀请特邀调解组织或者特邀调解员进行的调解。

6. 什么是委托调解

登记立案后或者在审理过程中邀请特邀调解组织或者特邀调解员进行的调解是委托调解。

7. 特邀调解在哪里进行

调解一般应当在人民法院或者调解邀请特邀调解组织或者特邀调解员组织所在地进行,双方当事人也可以在征得人民法院同意的情况下选择其他地点进行调解。

8. 特邀调解的期限是多久

人民法院委派调解的案件,调解期限为 30 日。但是双方当事人同意延长调解期限的,不受此限。

人民法院委托调解的案件,适用普通程序的调解期限为 15 日,适用简易程序的调解期限为 7 日。但是双方当事人同意延长调解期限的,不受此限。延长的调解期限不计入审理期限。

委派调解和委托调解的期限自特邀调解组织或者特邀调解员签字接收法院移交材料之日起计算。

以案说法之司法确认

一、案件概要

2018年11月投资者潘女士向投服中心某调解工作站提出调解申请,要求其开户的证券公司营业部及投资顾问刘某按照承诺,赔偿其投资损失10万元。潘女士的微信聊天记录显示,2017年6月刘某向其承诺可以代为操作买卖股票,盈利部分的30%归刘某,同时保证一旦出现本金亏损,将由刘某全额补足。

经调解工作站向该营业部核实,潘女士于2016年3月在该营业部开户,而刘某早在2016年年底就已经从该公司离职,其离职信息在公司官网进行了公示。该营业部还表示,刘某系从公司离职后私自代客操盘,其行为与公司无关,公司不承担对潘女士的任何赔偿责任。与此同时,调解工作站也联系了刘某,刘某承认确实存在代客操盘的行为,愿意接受调解,但由于潘女士在其操盘期间也在操作,因此不愿意赔偿潘女士的全部损失。

投服中心调解员介入调解后,考虑到潘女士是在刘某从证券公司离职后才委托其代为操盘的事实,且潘某的损失并非全部由刘某代为操盘产生,因此建议潘女士和刘某各让一步,由刘某赔偿潘女士5万元。调解员的建议得到了纠纷双方的同意,但双方在履行方式上产生了严重分歧,迟迟无法达成一致。刘某表示,其从证券公司离职后一直在家待业,无法一次性拿出5万元,愿意先付2万元,余下的3万元于半年后支付。潘女士则认为刘某在耍滑头,不想支付余下的3万元,因此坚持要求一次性付款。

正当双方争执不下时,调解员提出双方可以考虑通过签订调解协议并向法院申请司法确认的方式,赋予调解协议强制执行效力,一旦刘某真的不履行调解协议,潘女士可以向人民法院申请强制执行,只要刘某名下有财产,无论是存款、股票、房产、汽车均可以执行,而且司法确认程序是免费的。在调解员耐心细致的解释下,双方最终签订了调解协议并进行了司法确认,该纠纷得到妥善解决。

二、案例点评

1.调解协议的司法确认,克服了调解协议的局限性。本案的纠纷当事人在调解组织的调解下达成调解协议后,向人民法院申请对调解协议进行司法确认,赋予了调解协议书强制执行力，解决了纠纷易反复的问题，提升了调解协议的公信力。

2. 调解协议的司法确认，符合司法效益原则。化解矛盾需要成本，在没有实施司法确认制度之前，当事人容易反悔，导致纠纷最后仍然需要通过法律途径解决，这个过程耗时、耗人、耗物，显然与司法效益原则相悖。有了调解协议司法确认制度，既大大减轻了法院的工作压力，也可使当事人免受不必要的诉累，节约了社会成本。

三、调解小贴士

1. 什么是司法确认

最高人民法院和中国证监会于 2018 年 11 月印发的《关于全面推进证券期货纠纷多元化解机制建设的意见》（法〔2018〕305 号）中明确规定，经调解组织主持调解达成的调解协议，具有民事合同性质。经调解员和调解组织签字盖章后，当事人可以申请有管辖权的人民法院确认其效力。当事人申请确认调解协议的案件，按照《民事诉讼法》第十五章第六节和相关司法解释的规定执行。

2. 如何申请司法确认

《民事诉讼法》第 194 条明确规定，申请司法确认调解协议，由双方当事人依照人民调解法等法律，自调解协议生效之日起 30 日内，共同向调解组织所在地基层人民法院提出。

3. 司法确认适用什么程序

《民事诉讼法》第 177 条明确规定，人民法院审理确认调解协议案件，适用民事诉讼特别程序。

4. 司法确认的效力如何

最高人民法院和中国证监会于 2018 年 11 月印发的《关于全面推进证券期货纠纷多元化解机制建设的意见》（法〔2018〕305 号）中明确规定，经人民法院确认有效的具有明确给付主体和给付内容的调解协议，一方拒绝履行的，对方当事人可以申请人民法院强制执行。

第二节　投资者如何维权

——以证券虚假陈述为例

上市公司虚假陈述案例投资者该怎么告

“我该去哪儿起诉上市公司？在我的所在地吗？”这是接听证券虚假陈述损害赔偿电话咨询时投资者经常问到而又必须厘清的一个重要问题，其所反映的是法律上的诉讼管辖问题。对于证券虚假陈述民事赔偿案件而言，诉讼管辖主要法律依据是《最高人民法院关于审理证券市场因虚假陈述引发的民事赔偿案件的若干规定》(以下简称《若干规定》)，具体涉及以下问题。

一、哪个级别、哪些地区的法院可以受理证券市场虚假陈述案件

《若干规定》第8条规定：“虚假陈述证券民事赔偿案件，由省、直辖市、自治区人民政府所在的市、计划单列市和经济特区中级人民法院管辖。”

实践中，审理虚假陈述证券民事赔偿案件的除了32个省、直辖市、自治区人民政府所在的市、5个计划单列市(大连、青岛、宁波、厦门、深圳)的中级人民法院，还包括了珠海、汕头、霍尔果斯和喀什的中级人民法院。换句话说，目前全国共有41个城市的中级人民法院拥有审理证券市场因虚假陈述引发的民事赔偿案件的权利。值得注意的是，截至目前，仅有一家上市公司注册在喀什，霍尔果斯的数量则为0，在这两地区的中级人民法院受理的虚假陈述证券民事赔偿案件在可预见的将来都不会太多。

以“雅百特案”为例，上市公司江苏雅百特科技股份有限公司(以下简称雅百特)受到了中国证监会虚假陈述行政处罚。雅百特的注册地址为江苏盐城，江苏省人民政府所在市为南京市，根据本条规定，南京市中级人民法院受理了投服中心代理的雅百特虚假陈述民事索赔案件。又如“亿晶光电案”，注册地址在浙江省慈溪市的亿晶

光电科技股份有限公司，因为慈溪市受计划单列市宁波市管辖，故宁波市中级人民法院受理了亿晶光电虚假陈述民事索赔案件，而不需要前往浙江省人民政府所在地的杭州市中级人民法院立案。

二、多个被告，哪些中级人民法院可以管辖

《若干规定》第9条规定："投资人对多个被告提起证券民事赔偿诉讼的，按下列原则确定管辖：(一)由发行人或者上市公司所在地有管辖权的中级人民法院管辖。但有本规定第十条第二款规定的情形除外。(二)对发行人或者上市公司以外的虚假陈述行为人提起的诉讼，由被告所在地有管辖权的中级人民法院管辖。(三)仅以自然人为被告提起的诉讼，由被告所在地有管辖权的中级人民法院管辖。"

上市公司办公地址和注册地址时有所不同，《若干规定》第9条第1款中的"发行人或者上市公司所在地"指发行人或者上市公司的注册地址。例如，前文的亿晶光电的办公地址为江苏省常州市，但其注册地址为浙江省慈溪市。依据本款，宁波市中级人民法院应当受理亿晶光电虚假陈述民事索赔案件。

本条第2款中，"发行人或者上市公司以外的虚假陈述行为人"可以指发起人、控股股东等实际控制人；证券承销商；证券上市推荐人；会计师事务所、律师事务所、资产评估机构等中介服务机构和上诉单位中的责任人员等。当不对发行人或者上市公司提起诉讼时，投资者需要到其他行为人所在地的中级人民法院提起诉讼。例如，在佳电股份(注册地址为黑龙江佳木斯市)虚假陈述案中，大华会计师事务所(注册地址为北京市海淀区)作为中介服务机构被证监会认为未能勤勉尽责。位于北京的投资者就可以在北京市第一中级人民法院(对海淀区具有管辖权)仅起诉大华会计师事务所从而获得北京一中院的受理，从另一方面来看，也降低了维权成本。

三、仅以自然人作为被告该去哪里的中级人民法院

《若干规定》第10条规定："人民法院受理以发行人或者上市公司以外的虚假陈述行为人为被告提起的诉讼后，经当事人申请或者征得所有原告同意后，可以追加发行人或者上市公司为共同被告。人民法院追加后，应当将案件移送发行人或者上市公司所在地有管辖权的中级人民法院管辖。

当事人不申请或者原告不同意追加，人民法院认为确有必要追加的，应当通知发行人或者上市公司作为共同被告参加诉讼，但不得移送案件。"

根据本条规定,仅多个自然人作为被告时,则投资者可以选择管辖其中一个自然人住所地的中级人民法院提起诉讼。证券市场虚假陈述案件中的自然人责任人多为公司董事、监事、高管,他们的住所地信息多为上市公司公开披露的资料。在特殊情况下灵活运用本条,可以有效降低投资者的诉讼成本。

证券虚假陈述当事人可以指定代理人进行诉讼,立案和开庭不一定需要当事人到场。根据我国民事诉讼法的规定,以下人员具有委托代理权限:律师、基层法律服务工作者;当事人的近亲属或者工作人员;当事人所在社区、单位以及有关社会团体推荐的公民。在特定条件下,运用委托代理的方式降低诉讼成本。因此,灵活运用上文第 9 条、第 10 条,在法律框架内选择尽可能低成本的诉讼地点也可以节省诉讼成本。

谁可以作为虚假陈述民事赔偿案件的被告

中小投资者以诉讼方式自行维权的过程中,往往会对虚假陈述民事赔偿案件中的被告及其责任承担等存有疑问。哪些主体可以作为被告?各被告之间责任承担是怎样的法律关系?拟起诉多个被告时投资者应当至何地法院起诉?本文根据现有法律法规司法解释的规定对上述问题进行阐释。

首先,就虚假陈述证券民事赔偿的被告而言,根据《若干规定》(法释〔2003〕2号)的规定,虚假陈述证券民事赔偿案件的被告,应当是虚假陈述行为人,包括:(1)发行人、控股股东等实际控制人;(2)发行人或者上市公司;(3)证券承销商;(4)证券上市推荐人;(5)会计师事务所、律师事务所、资产评估机构等专业中介服务机构;(6)上述(2)、(3)、(4)项所涉单位中负有责任的董事、监事和经理等高级管理人员以及(5)项中直接责任人;(7)其他作出虚假陈述的机构或者自然人。换言之,上述主体中无论是机构还是自然人,凡是被行政处罚决定认定作出虚假陈述的,均可作为虚假陈述民事赔偿案件的被告。

其次,就虚假陈述民事赔偿案件被告的责任承担而言,证券承销商、专业中介服务机构等均可能与相关上市公司构成共同虚假陈述,而应承担连带责任。根据《若干规定》,证券承销商、证券上市推荐人或者专业中介服务机构,知道或者应当知道发行人或者上市公司虚假陈述,而不予纠正或者不出具保留意见的,构成共同侵权,对投资人的损失承担连带责任。发行人、上市公司、证券承销商、证券上市推荐人负有责任的董事、监事和经理等高级管理人员有下列情形之一的,应当认定为共同虚假陈述,分别与发行人、上市公司、证券承销商、证券上市推荐人对投资人的损失承担连带责任:(1)参与虚假陈述的;(2)知道或者应当知道虚假陈述而未明确表示反对的;(3)其他应当负有责任的情形。上市公司、承销商、上市推荐人在向受害人承担民事赔偿责任之后,有权向有过错的董事、监事、经理等高管人员进行追偿。

最后,就投资者拟起诉多个被告的管辖法院而言,根据《民事诉讼法》《若干规定》等法律法规和司法解释,对于投资人对多个被告提起诉讼时:(1)如果多个被告中有发行人或者上市公司的,则应当由发行人或者上市公司所在地的直辖市、省会市、计划单列市或经济特区中级人民法院管辖;(2)如果被告中没有发行人或者上市公司,但有其他机构和自然人的,则原告可以选择其中一个机构住所地的直辖市、省会市、计划单列市或者经济特区中级人民法院提起虚假陈述民事赔偿之诉;(3)如果被告只是多个自然人的,则投资者可以选择其中一个自然人所在地的直辖市、省会市、计划单列市或经济特区中级人民法院提起诉讼;(4)原告向两个以上有管辖权的中级人民法院提起虚假陈述民事赔偿诉讼的,由最先立案的中级人民法院管辖。

证券虚假陈述案原告证据材料清单

在证券虚假陈述民事赔偿案件中，原告投资者常常苦于难以充分收集相关证据材料。《若干规定》第6条第2款规定：“投资人提起虚假陈述证券民事赔偿诉讼，除提交行政处罚决定或者公告，或者人民法院的刑事裁判文书以外，还须提交以下证据：（一）自然人、法人或者其他组织的身份证明文件，不能提供原件的，应当提交经公证证明的复印件；（二）进行交易的凭证等投资损失证据材料。”此条款中并没有详细解释交易凭证具体内容，所以投服中心结合支持诉讼中的相关经验，总结出投资者需要准备证据材料清单，便于投资者维权。

证据清单：

（1）行政处罚决定或者公告，或者人民法院的刑事裁判文书。

行政处罚决定书可在上市公司公告栏中查找。

（2）投资者的身份证件复印件。

身份证明原件一般指身份证，或者能够证明身份的文件，一般是由公安机关或国家有关机关开具的文件。根据《若干规定》的要求，不能提供身份证明原件的，应当提供经公证证明的复印件。以办理身份证公证书为例，各地公证处收费不尽相同，所需材料也不尽相同，具体办理事宜请投资者咨询本人所在地公证处。以上海为例，办理该项公证收费标准多为100元，办理时需提供身份证原件、户口簿，并由本人亲自办理。

（3）加盖证券公司营业部印章的单只股票纸质版对账单及电子版对账单（建议Excel格式）。

对账单区间至少应当包括实施日至基准日期间关于单只股票的所有交易情况，每一条交易记录至少应包含姓名、证件号码、股东账号、股票名称、股票代码、交易日期、委托方向、成交数量、成交金额、证券余额、佣金、印花税内容。若投资者通过多个证券账户或通过信用账户在实施日至基准日期间内买卖过该股票，需打印所有账户该只股票的对账单。个别券商交易记录默认模板中未包含证券余额一栏，投资者需向证券营业部要求在对账单中加上此栏目。

(4)加盖证券公司营业部印章的中国证券登记结算有限责任公司“一码通”证券账户查询单(包含所有证券账户)以及证券账户开户确认单。

投资者应当在证券公司营业部申请打印中国证券登记结算有限责任公司“一码通”证券账户查询单和开户确认单,如实反映投资者一码通证券账号及其名下所有证券账户。所提供的“一码通”证券账户查询单和开户确认单需要加盖证券公司营业部印章。证券账户开户确认单往往被投资者忽略。

通常,对账单、证券账号查询单和开户确认单只能在投资者开户营业部打印。

(相关系列内容可至中国投资者网查阅。)

证券虚假陈述案件的开庭审理

在诉讼过程中，比较精彩和有看点的地方就是庭审了，今天就来说说证券虚假陈述案件的开庭审理。在投服中心证券虚假陈述支持诉讼案件的诉讼过程中，经常有投资者打电话咨询投服中心，投资者本人是否需要参加开庭审理。投服中心一般指派公益律师与投资者签订委托代理协议，律师受托代表投资者出庭，投资者本人不需要出席庭审。庭审是公开进行的，投资者如果愿意，可以在开庭当天去法院申请旁听。

庭审开始前，一般会交换双方证据，以便原被告双方做好答辩准备，在庭审时充分发表自己的意见。法庭一般由 3 人组成合议庭，由审判长、审判员或人民陪审员组成。原告席在法庭右侧，左侧是被告席。法庭前方是书记员，书记员对庭审进行记录。

开庭前，书记员核对双方信息，宣布法庭规则和法庭纪律，审判长敲击法槌宣布开庭。审判长首先简单介绍审判人员情况，告知双方诉讼权利义务，征询申请回避意见。进行法庭调查，由原告先陈述诉状和诉求，然后当庭举证，被告陈述，并当庭举证。证券虚假陈述案件中，原告方陈述往往是因 × × × 上市公司虚假陈述，原告购买股票遭受损失，损失计算出来是多少，要 × × × 上市公司及相关责任人进行赔偿。同时，原告也要举证，如证监会处罚决定书、股票交易记录等证明原告投资者损失的相关文件。被告往往陈述，原告的损失与自己无关，无关的相关证据等。这时法庭会当庭质证，原被告双方需要将证据原件提交法院予以认证。投资者如果提交的材料不完整，往往会遭到对方当事人对证据的“三性”的质疑，也就是证据的真实性、合法性、关联性提出质疑。比如，证券公司盖章模糊，交易记录打印时间段未能显示，交易记录打印不完整等问题。

法庭辩论阶段是比较有看点的，当事人应当围绕各自的诉讼请求或者诉讼主张，就法律的具体适用问题展开辩论。这时候就需要充分展示律师们的法律水平和答辩技巧了。证券虚假陈述案件中，《行政处罚决定书》会明确载明违法行为，因此，上市公司对虚假陈述的行为是供认不讳的，但是往往会以投资者损失与虚假陈述行为无关、投资者损失是市场系统性风险造成、投资者损失计算错误等来辩驳。被告会针对投资者具体的交易记录，比如，投资者交易频繁，投资者甚至在虚假陈述行为揭露后仍然购买公司股票等来辩解投资者损失与虚假陈述行为无关。这实际上是很牵强的,投资者因受到利好消息影响,购入股票,当然可以卖出股票;即便是虚假陈述揭露日投资者买入了股票,也不能说明投资者在虚假陈述揭露日之前的购买行为与虚假陈述行为无关。综合几个案例分析,有的案件中,虚假陈述行为确实情节轻微,不足以影响投资者的投资者决策,而被法院认定虚假陈述行为不具有重大性,驳回原告诉请。另外,关于市场系统性风险,系统性风险是否存在,如何扣除等,往往由法院来裁定。

法庭辩论结束后,由当事人或委托代理人陈述最后意见。审判长指示原告、被告依次作最后陈述。法官还会询问双方当事人是否愿意调解,如果愿意则进行调解;调解不成,宣布休庭。

整个庭审过程大致如上,大家都知道证券虚假陈述案件往往事实同一、法律依据同一、被告同一、而原告会有很多。根据目前的民事诉讼法,一位原告就是一个案子,法庭在审理上百上千个同一上市公司虚假陈述行为的案件时,往往要多次开庭,重复上述程序,双方当事人和法庭对答辩环节都能背得滚瓜烂熟了,还是需要重复进行,必然需要花费时间。所以诉讼是严格按照程序进行的,即便像证券虚假陈述案件这样有着绝大部分共同性的案件,也需要一个一个案件进行庭审。投资者们对申请参加支持诉讼的案件需要有一个合理的时间预期,耐心等待审判结果。

证券虚假陈述投资者维权指南

2018 年上半年,中国证券监督管理委员会共作出行政处罚决定 159 件,比 2017 年同期增长 41%,罚没款金额 63.94 亿元,市场禁入 20 人。其中,上市公司信息披露违法类案件处罚 63 起,操纵市场类案件处罚 14 起,内幕交易类案件处罚 36 起。长生疫苗案震惊全国,中国证券监督管理委员会于 2018 年 7 月 23 日对长生生物立案调查。祥源文化(原万家文化)一年两次受到行政处罚,更因赵薇的名人效应,使虚假陈述民事纠纷一时喧嚣尘上。

目前境内证券市场 95% 以上的投资人系自然人投资人,证券侵权行为严重损害了亿万中小投资者的权利。

一、维权依据是什么

2003 年最高人民法院发布的《若干规定》(法释〔2003〕2 号)是目前关于虚假陈述民事纠纷最重要的法条依据。

二、我可以起诉吗

原则上自然人投资人、投资基金、从事证券投资的公司以及境外投资人均系虚假陈述民事纠纷的适格原告。

但在场外进行的非法证券交易和在合法市场进行协议转让的交易,不适用《若干规定》,应由一般侵权民事法律法规进行规范。这并不意味着进行该些交易的投资人失去了原告资格,但是在一般侵权民事法律法规的框架下难以对证券侵权行为的因果关系、损失计算提出有说服力的主张。

三、去哪里告

在级别管辖方面,虚假陈述民事纠纷由省、直辖市、自治区人民政府所在的市、计划单列市和经济特区中级人民法院一审管辖;地域管辖采用原告就被告原则。

例如,祥源文化的投资者拟向祥源文化提起虚假陈述责任纠纷,应向杭州市中级人民法院提交起诉材料。

四、什么时候可以告

《若干规定》为人民法院受理虚假陈述民事纠纷设置了前置条件,即虚假陈述行为人受到有关机关的行政处罚或者人民法院的刑事裁判。

因此,自下列情形之一发生之日起,投资人可以向人民法院提起诉讼:

(1)中国证券监督管理委员会或其派出机构公布对虚假陈述行为人作出处罚决定;

(2)中华人民共和国财政部、其他行政机关以及有权作出行政处罚的机构公布对虚假陈述行为人作出处罚决定;

(3)虚假陈述行为人已被人民法院认定有罪,作出刑事判决已生效。

五、应该准备哪些材料

投资人提起虚假陈述民事纠纷,应当向人民法院提交下列文件和材料:

(1)作为原告的自然人、法人或者其他组织的身份证明文件,即居民身份证,营业执照等;不能提供原件的,应当提交经公证证明的复印件;

(2)作为被告的虚假陈述行为人的自然人、法人或者其他组织的身份证明文件;实践中,上市公司的身份证明文件可使用"国家企业信用信息公示系统"查询打印的企业信息;

(3)行政处罚决定或者公告,或者人民法院的刑事裁判文书;

(4)起诉状;

(5)证券交易凭证等证明损失的材料,例如,证券账户信息及证券交易明细对账单。

六、前沿

2018年9月26日,投服中心联合中国上市公司协会、中国证券业协会、中国期货业协会、中国证券投资基金业协会创办的首届中小投资者服务论坛在北京召开,全国人大财经委、中国证监会、最高人民法院、上海市人民政府、上海市高级人民法院、上海金融法院、上海证券交易所、深圳证券交易所、中国结算等机关单位均参与了该论坛。与会嘉宾就多元化解纠纷与规范运作、支持诉讼与示范判决、投资者教育等专题进行了充分的交流沟通。未来,在监管部门、司法机关、行业自律组织、投资者服务机构的共同努力下,投资者的维权之路将会越走越顺。

证券虚假陈述侵权纠纷案件中的证券市场风险因素

在证券虚假陈述侵权纠纷案件中，是否扣除证券市场风险以及如何扣除该风险是原被告争论的焦点之一。《若干规定》第19条第4项从因果关系抗辩的角度规定了由证券市场系统风险等其他因素所导致的投资者损失，被告对该损失不承担赔偿责任。

一、什么是证券市场风险

根据证券市场理论，证券市场风险是指在证券市场中，由于各种不确定性因素导致证券市场行为主体的证券资产蒙受损失的可能性。证券市场风险可分为系统性风险和非系统性风险。

系统性风险指的是证券市场受到宏观经济形势好坏等共同因素影响，不受个别企业或行为所控制，引起证券市场价格发生剧烈波动，使投资者蒙受损失的风险。产生系统性风险的因素包括市场行为、政策和制度、利率、汇率、通货膨胀、政治环境等因素。2008年在基金暂停发行、美国次贷危机和大小非减持等利空因素的影响下，我国证券市场发生了系统性风险，上证指数从历史高点6124点一路跌到了1664点，投资者损失惨重。

相对系统性风险，非系统性风险指由于个别企业自身的原因使投资者蒙受损失的风险，它往往只影响某一只股票的价格，与市场的其他股票没有直接联系，投资者可以通过分散投资的方法来尽可能地防范该种风险。上市公司终止重大资产重组、重大担保、重大诉讼、重大亏损等都属于非系统性风险。

二、对《若干规定》关于证券市场风险的理解

《若干规定》第19条第4项规定："被告举证证明原告具有以下情形的，人民法院应当认定虚假陈述与损害结果之间不存在因果关系……(四)损失或者部分损失是由证券市场系统风险等其他因素所导致。"该规定是证券虚假陈述案件扣除证券市场风险的主要法律依据。

由于《若干规定》未对"证券市场系统风险等其他因素"的含义及认定方法进行具体界定，导致司法实践中各法院对此表述的理解和认定也各不相同。对其理解应

当包含两个层次:第一,“证券市场系统风险”只是“其他因素”中的一种。不仅“证券市场系统风险”所造成的损失应当被扣除,而且与虚假陈述行为本身无关的因素所造成的损失也均应予以扣除。第二,对于“其他因素”,目前尚无司法解释明确其含义。根据《若干规定》的立法精神,非系统性风险显然应当包含在“其他因素”之中,且在司法实践中,非系统性风险已经逐渐成为法庭审理的争议焦点之一。

三、司法实践

在我国证券虚假陈述侵权纠纷案件的司法实践中,涉及系统性风险认定的判例并不少见,多数判例都与 2008 年和 2015 年的股价异常波动有关,但相关法院对系统性风险的理解及其扣除方法存在较大的差异。例如,选取的系统性风险参考指标不一致,绝大多数法院以指数的变化来判断是否存在系统性风险,但也有个别法院以大盘及相关行业的流通股总市值的变化进行判断。另外,法院对系统性风险参考指标的考察期间并不一致,有的参考指数在虚假陈述实施日至基准日期间的变化,有的参考指数在虚假陈述揭露(更正)日至基准日期间的变化,也有参考指数在投资者首次购买日起至基准日期间的变化。此外,法院扣除系统性风险的方法也不一致,有的通过自定的公式计算出系统性风险的扣除比例,也有根据案情主观估算出一个系统性风险扣除比例。

司法实践中,目前尚无认定非系统性风险的案例。这主要是受当前技术条件的限制,法院难以对非系统性风险做出准确认定。但在不少案件中,非系统性风险影响客观存在,而且也是导致股价下跌的主要因素之一。依法认定非系统性风险,既符合《若干规定》的立法精神,也坚持司法公正原则的要求,有利于维护案件当事人的合法权益。

近期,投服中心在深度研究既往判例和总结证券虚假陈述支持诉讼经验的基础上,以审判需求为导向,委托专业的金融软件开发机构开发了一套专业、智能、灵活的证券虚假陈述案件投资者损失计算通用软件,为司法机关以及相关市场主体认定证券市场风险,确认投资者损失,提供了高效便捷的专业工具。

如何理解虚假陈述侵权纠纷中的证券市场风险因素

一、证券市场风险的含义

证券市场风险,是指在证券市场中,由于各种不确定性因素导致证券市场行为主体的证券资产蒙受损失的可能性。根据证券市场理论,证券市场风险可分为两个部分,即系统性风险和非系统性风险。

系统性风险,是指证券市场受到宏观经济形势的好坏、财政政策和货币政策的调整、政局的变化、汇率的波动、资金供求关系的变动等因素影响,引起证券市场价格发生剧烈波动的风险,具有客观性和不可控性的特点。其特征在于,系统性风险因共同因素所引发,对整个证券市场的股票价格均产生影响,这种影响为个别企业或行为所不能控制,投资人亦无法通过分散投资加以消除。系统性风险因素,是指由政治、经济、社会、心理等因素造成,对市场整体发生影响的风险因素。具体包括:市场行为风险因素、政策和制度风险因素、利率风险因素、汇率风险因素、通胀风险因素和政治风险因素等。

非系统性风险,是指由个别企业自身的因素所带来的风险。非系统性风险的特点在于,其往往只影响某一只股票的价格,与市场的其他股票没有直接联系,投资者可以通过分散投资的方法来抵消该种风险的风险,也可称为可分散风险。非系统性风险因素,主要包括上市公司财务风险因素、违约风险因素、流动风险因素和偶然事件风险因素等。例如,上市公司披露的重大资产重组终止的信息、重大担保信息、重大诉讼信息、重大亏损信息等因素都可能引发上市公司发生非系统性风险,导致投资者产生亏损。

二、对《若干规定》第 19 条第 4 项的理解

2003 年颁布施行的《若干规定》是目前处理证券虚假陈述侵权纠纷的主要依据,其第 19 条第 4 项规定,“被告举证证明原告具有以下情形的,人民法院应当认定虚假陈述与损害结果之间不存在因果关系……(四)损失或者部分损失是由证券市场系统风险等其他因素所导致”。也就是说,如果有证据证明原告的损失或者部分损失是由证券市场系统风险等其他因素所导致的,那么在计算被告应赔偿的损失金额时,应当扣除证券市场系统性风险等因素的影响权重比例。该规定是虚假陈述侵权纠纷案件

中扣除证券市场系统性风险等因素的法律依据。

但是,由于《若干规定》并未对“证券市场系统风险等其他因素”的含义及认定方法进行详细的解释说明,导致司法实践中,各法院对“证券市场系统风险等其他因素”的理解和认定方法不一致,给大家带来了很大的困惑。如何理解“证券市场系统风险等其他因素”的含义呢?我们认为,对其理解应当包含以下两个层次。

1.“证券市场系统风险”只是“其他因素”之中的一种。因此,不是只有“证券市场系统风险”所造成的损失应当被扣除,而是与虚假陈述行为本身无关的因素所造成的损失均应予以扣除。

2.对于“其他因素”,目前既无司法解释予以明确解释,也无相关司法判例产生。但是,根据证券市场理论关于证券市场风险的分类,非系统性风险显然应当包含在“其他因素”之中,即在虚假陈述侵权纠纷中,如果有证据证明投资者的损失或者部分损失是由非系统性风险所导致的,也应当扣除该非系统风险所导致的损失部分。

三、涉及证券市场风险的司法实践概况

在我国证券虚假陈述侵权纠纷案件的司法实践中,涉及系统性风险认定的判例并不少见,且多数判例都与2008年的股价异常波动有关,但各法院对系统性风险的认定与扣除方法仍然存在较大的差异,具体表现如下。

1.各法院选取的参考指标不一致。绝大多数法院以股票指数的变化趋势来判断是否存在系统性风险,但也有个别法院是以大盘及相关行业之流通股总市值的变化来判断是否存在系统风险;在以股票指数为参考指标的判例中,不同法院所选取的参考指数种类也不相同,没有统一的选择标准。

2.各法院对参考指标的考察期间不一致。有的法院考察参考指标在虚假陈述实施日至基准日期间的变化趋势,有的法院考察参考指标在虚假陈述揭露(更正)日至基准日期间的变化趋势,还有的法院考察参考指标在投资者购买日至基准日期间的变化趋势。

3.各法院对系统性风险影响权重的认定方法不一致。有的法院通过其设计的计算公式来计算出系统性风险所占的权重比例,而有的法院则由法官根据一些数据来估算出系统性风险所占的权重比例。

相对于系统性风险方面较多的司法实践而言,非系统性风险方面目前却尚无典型的司法判例产生。这一方面是因为《若干规定》第19条第4项规定得过于笼统,没

有对非系统性风险进行明确规定；另一方面则是因为被告对于非系统性风险的举证难度太大。

然而，在虚假陈述侵权纠纷案件的实践中，不少案件中都存在非系统性风险因素的影响，这些因素与被揭露后的虚假陈述行为一起导致股价大跌，使投资者蒙受损失。依法认定并扣除非系统性风险的影响，既是公正司法的要求，也是依法维护案件当事人合法权益的要求。

当然，我们也应当客观地认识到，在现有的条件下，无论是系统性风险还是非系统性风险，案件中的任何一方要对其影响权重进行准确计算都是难以实现的。投服中心作为专业的证券公益性金融机构，正在研究一套可行的证券市场风险影响权重的认定和扣除方法，将来有望解决证券市场风险影响权重难以计算的难题。

证券虚假陈述案件中投资者提供身份证明文件的注意事项

证券虚假陈述案件属于民事案件,投资者起诉应当符合《民事诉讼法》的规定。根据《民事诉讼法》第 119 条规定的起诉条件,原告是与本案有直接利害关系的公民、法人和其他组织。因此,投资者需要证明自己是因民事权益受到侵害的利害关系人,即提起诉讼的原告与因证券虚假陈述行为受到侵害的投资者是同一人。

根据《若干规定》关于原告起诉的要求,投资者须提交自然人、法人或者其他组织的身份证明文件,不能提供原件的,应当提交经公证证明的复印件;另根据《最高人民法院关于审理证券市场虚假陈述案件司法解释的理解与适用》(李国光主编,最高法院民事审判第二庭编著),“要求投资者提交身份证明文件或者经公证证明的复印件是基于证券市场实行了实名制,投资者必须证明是自己的合法权益受到了侵害而提起诉讼”。

诉讼中关于哪些文件属于身份证明文件,目前司法解释并未给予明确定义,但就证券虚假陈述案件诉讼过程中身份证明所要达到的证明目的而言,应达到身份证明持有人、案件原告和证券账户开立人是同一人的证明目的。

根据《中国证券登记结算有限责任公司证券账户业务指南》(以下简称《业务指南》)有关证券账户开立的规定,不同类型的投资者开立不同账户需提供不同的身份证明文件(仅就自然人投资者的身份证明文件要求作进一步阐述),详见表 1:

就证券实名制的角度而言,投资者提供以上开立证券账户所对应的身份证明文件原件或经公证/和认证证明的复印件,法院通常会予以认可。但对于以下情形,需特别留意。

1. 居民户口簿

根据《户口登记条例》第 4 条第 4 款的规定,户口登记簿和户口簿登记的事项,具有证明公民身份的效力。因此,理论上投资者在进行证券虚假陈述案件诉讼时可以使用居民户口簿以证明公民身份,但仍存在冒用他人居民户口簿进行诉讼活动的可能,即无法达到身份证明持有人、案件原告和证券账户开立人是同一人的证明目的。实践中,因各地法院要求的不同,是否可以使用居民户口簿进行诉讼活动仍应以法院要求为准。

2. 公安机关出具的户籍证明

根据2016年9月1日起施行的《关于改进和规范公安派出所出具证明工作的意见》第1条规定，凡是公民凭法定身份证件能够证明的事项，公安派出所不再出具证明。中华人民共和国居民户口簿、居民身份证、护照是公民法定身份证件，具有证明公民身份的法律效力。对于居民户口簿、居民身份证、护照完全能够证明的公民姓名、身份号码等9类事项，有关单位及其工作人员应予认可，公安派出所不再出具证明。因此，投资者本身若持有三类身份证件，公安机关将无法开出户籍证明。

3. 护照

根据《护照法》第2条的规定，中华人民共和国护照是中华人民共和国公民出入国境和在国外证明国籍和身份的证件。虽然护照本身是公民法定身份证件，具有证明公民身份的法律效力，但护照主要适用于中国公民出入国境以及在境外证明中国国籍和身份，因此，护照不适宜在我国境内诉讼活动中用于公民身份证明用途。对于持有境外其他国家或地区永久居留签证的中国护照开立B股账户的投资者，是否可以直接使用该护照进行诉讼活动，仍应以法院要求为准。

4. 临时居民身份证

根据《居民身份证法》及《临时居民身份证管理办法》的相关规定，公民在申请领取、换领、补领居民身份证期间，急需使用居民身份证的，可以申请领取临时居民身份证。公民从事有关活动，需要证明身份的，有权使用临时居民身份证证明身份。有关单位及其工作人员不得拒绝。可见，投资者在进行证券虚假陈述案件诉讼前，若正值申请领取、换领、补领居民身份证期间的，可使用临时居民身份证进行起诉等诉讼活动。诉讼期间，当领取居民身份证后，应及时通知法院。

5. 临时身份证明

根据《关于改进和规范公安派出所出具证明工作的意见》第2条第7项的规定，公安派出所出具临时身份证明限于"急需登机、乘火车、长途汽车、船舶、住旅馆、参加法律规定的国家考试"且"因丢失、被盗或者忘记携带等原因无法出示法定身份证件的人员"，以及"在办理婚姻登记时，因特殊原因未能出示居民户口簿"的居民，此外所出具的临时身份证明将注明有效期限。

可见，临时身份证明只适用于有限的用途且注明有效期限，投资者在进行证券虚假陈述案件诉讼时，无法使用临时身份证明进行诉讼活动。

6. 第一代居民身份证

第一代居民身份证已于2013年1月1日起停止使用,但在有效期内的,依法继续有效。对于持有第一代居民身份证开立证券账户的“老股民”而言,除已经在换发第二代居民身份证后变更证券账户登记信息的情况外,对于特殊情况下仍未变更第一代居民身份证账户登记信息且第一代居民身份证尚处于有效期内的投资者,建议在诉讼前先行向公安机关申请换领第二代居民身份证并完成账户信息变更登记。

7. 证券账户卡

证券账户卡是证券登记机构发出的,证明投资者开立了某个证券账户的有效凭证。但就发卡主体法律地位、证券账户卡法律效力而言,证券登记机构发出的证券账户卡无法证明诉讼原告与持卡人是同一人,只能证明证券账户卡所记载的投资者开立了该机构的证券账户。

表1　开立账户类型

投资者类型	可申请	身份证明文件类型
境内自然人	所有证券账户	第二代居民身份证
境内港、澳、台居民	A股账户、封闭式基金账户	港、澳居民来往内地通行证或台湾居民来往大陆通行证
获得中国永久居留权的外国人	所有证券账户	外国人永久居留证
境外自然人(含港、澳、台居民)	B股账户	境外护照,有境外其他国家或地区永久居留签证的中国护照,香港、澳门居民身份证,台湾居民来往大陆通行证

虚假陈述民事赔偿案件中“诉讼方式”的理解与适用

在接听投资者来电时，投服中心经常会遇到投资者咨询诸如单独一人前往法院诉讼能否获得法院立案受理、诉讼时的人数多少是否会对案件胜诉率产生影响等相关问题，最高人民法院公布的《若干规定》对该类案件诉讼方式的适用已作出了明确规定，具体体现在《若干规定》第12条的规定，即“本规定所涉民事赔偿案件中的原告可以选择单独诉讼或者共同诉讼方式提起诉讼”。

所谓单独诉讼即指诉讼当事人各方主体是单一的诉讼方式。在立案登记制下，法院对当事人的起诉不进行实质审查，仅对形式要件进行审核，除了法定不予登记立案的情形外，当事人提交的诉状一律接收，并出具书面凭证。因此，因虚假陈述受损的投资者单独一人前往法院诉讼，在符合法院立案条件的情况下，法院应当立案受理，不会因投资者为一人而拒绝受理。

在虚假陈述民事赔偿案件中，法院受理该类案件的条件主要包括符合《民事诉讼法》基本的起诉条件、存在前置程序及投资者提交了起诉所需的证据材料等。首先，根据《民事诉讼法》第119条的规定，原告向法院提起诉讼必须满足以下几个条件：原告是与本案有直接利害关系的公民、法人和其他组织；有明确的被告；有具体的诉讼请求和事实、理由；属于法院受理民事诉讼的范围和受诉法院管辖。投资者必须是与案件有直接利害关系的人，并非所有的投资者都能对某一个虚假陈述行为提起民事赔偿诉讼。有明确的被告即需要原告说明其要告的是谁，在支持诉讼中立案程序需要提供被告的工商档案信息或户籍证明文件正是为了证明被告的身份信息。其次，投资者在提起诉讼时应当提交证明前置程序存在的证据材料，实践中可提交的材料包括处罚公告原件或复印件及证明相关处罚存在的报道等。最后，投资者在起诉时，应当提交证明自身存在损失的证据材料，具体包括身份证明文件、一码通账户查询单、证券账户开户确认单、特定区间内的交易对账单等材料，以证明自己在投资时确实发生损失。

共同诉讼是指当事人一方或双方为两人以上，其诉讼标的是共同的或者是同一种类的诉讼。许多虚假陈述民事赔偿案件判决书中包含众多原告投资者正是适用共同诉讼方式审理案件的结果。

根据《若干规定》第13条的规定，多个原告因同一虚假陈述事实对相同被告提起的诉讼,既有单独诉讼也有共同诉讼的,人民法院可以通知提起单独诉讼的原告参加共同诉讼。多个原告因同一虚假陈述事实对相同被告同时提起两个以上共同诉讼的,人民法院可以将其合并为一个共同诉讼。该条规定的主旨即对于能够合并成共同诉讼的单独诉讼,可以合并成共同诉讼。

证券虚假陈述民事侵权是针对不特定投资者发生的侵权行为,案件中大多为中小投资者且分布较为分散,以单独诉讼的方式提起诉讼是很有可能的,也符合当前实际情况。当多个原告因同一虚假陈述行为对相同被告向法院提起多个单独诉讼时,法院更倾向于采用共同诉讼的方式进行审理,其主要理由如下:一方面,共同诉讼能够提高诉讼效率,减轻法院的工作负担。例如,“大庆联谊案”中的 682 名投资者来自全国近 30 个省市,如果采取单独诉讼的方式,被告因同一事实需要出庭至少 600 多次,针对不同的原告需要以几乎相同的内容答辩至少 600 多次,需要执行判决 600 多次,存在大量效率低下的重复劳动。而以法院现有的人力、物力资源,审判任务将十分繁重。另一方面,共同诉讼方式下侵权人需要承担的是一个群体投资者的损失赔偿责任,更容易在市场中起到警示作用,从而规范上市公司及相关高管的行为。

无论是单独诉讼还是共同诉讼,只是诉讼过程中采取的不同诉讼方式,诉讼方式的不同并不会对诉讼当事人的实质权利义务产生不同的影响。

如何读懂证券虚假陈述责任纠纷案件民事判决书

判决书是法院根据判决写成的文书，判决书包括民事判决书、刑事判决书、行政判决书和刑事附带民事判决书等。投服中心支持投资者诉讼的证券虚假陈述责任纠纷案件是民事案件，判决书往往厚达十几页，有的投资者打电话过来询问，为什么判决金额比诉讼金额少了，判决金额是怎么计算出来的等问题。这里简单介绍一下证券虚假陈述责任纠纷案件民事判决书的结构和内容，以及拿到判决书后需注意的事项，以期帮助投资者更好地了解审判的结果，维护自身的权益。

民事诉讼判决书有固定的格式要求。一般来讲，判决书由标题、首部、事实、理由、裁判依据、判决主文、尾部、落款和附录等组成。

标题由法院名称、文书名称、案号组成。标题第一行写法院名称，第二行写文书种类，即“民事判决书”。在标题右下方写案号，案号一般表述为“[年度]×民初字第××号”。“年度”为案件受理年度，“初”字即为一审判决。

首部依次写明诉讼参加人基本情况、案件由来和审理经过。诉讼参加人包括原告、原告代理人、被告、被告代理人。投服中心支持的投资者是原告，投服中心聘请的公益律师是原告代理人。上市公司或实际控制人公司高管等是被告，一般会介绍诉讼参加人的姓名、职务、工作单位、住所等信息。紧接着介绍案件由来和审理经过，证券虚假陈述责任纠纷案件往往比较简单，说明该案件法院于何时受理，依法进行了审理，已审理终结。

事实部分主要包括：原告起诉的诉讼请求、事实和理由，被告答辩的事实和理由，人民法院认定的证据和事实。原告起诉的诉讼请求就是投资者填写起诉书时要求赔偿的金额，陈述事实和理由时，说明投资者是该上市公司股东，证券监督管理机构出具的行政处罚决定书认定该公司虚假陈述行为，投资者在公司实施虚假陈述行为后购买股票，并持有至揭露日，因此遭受损失。被告答辩包括对诉讼请求的意见、事实和理由，被告往往会从以下几个方面来答辩：一是行政处罚不等于民事侵权；二是证券价格下跌是受市场系统性风险影响，不是虚假陈述行为造成，与公司不当披露无因果关系；三是对实施日、揭露日、基准日的认定有异议；四是计算方法错误等。

理由和裁判依据部分，法院围绕当事人的诉讼请求，根据双方就各自观点提交的证据，认定事实，遵照相关法律，逐一评判并说明理由。双方当事人对证据无异议的，法院予以确认,有争议焦点的,分别分析认定。如果法院经审理认为存在证券市场系统性风险,则会根据相关法律酌情判定,在计算出来的损失金额上予以折扣。投资者要仔细阅读理由和裁判依据部分,投资者往往反映判决赔偿金额少了,很可能是因为法院认定有系统性风险,将诉求金额进行了扣除;也有一些投资者诉求计算时揭露日与法院认定的揭露日、实施日、基准日不一致,导致损失金额变小甚至丧失索赔资格而败诉;还有部分投资者是因为法院认定的计算方法将投资者在实施日至揭露日之间投资者买卖股票的投资盈利部分与投资损失进行抵销等。在这个部分,法院会将损失的计算进行说明,投资者如果对判决结果有疑问,可以回到这个部分仔细阅读。

在说明理由和裁判依据后,接下来是判决主文,法院援引相关法条后,归纳出判决结果。这是投资者拿到判决书后最先看的部分,若投资者胜诉,则其中会写明投资者将获赔的金额。投资者也要注意阅读,法院也有可能支持部分诉讼请求,也就是起诉时要求赔偿损失的一部分。例如,因系统性风险因素,损失金额计算出来后折扣赔偿,或者原来诉请中分几类,如投资差额损失、印花税、佣金、利息等,判决支持其中投资差额损失、印花税、佣金,没有支持利息等情况。

尾部包括迟延履行责任告知、诉讼费用负担、上诉权利告知。这也是投服中心提醒广大投资者注意的事项,虽然判决投资者胜诉,也有可能出现因为判决投资者部分获赔,投资者仍需承担部分诉讼费用的情况。投资者作为原告,如对判决不满,有上诉的权利,投资者需要注意判决书上提示上诉的期限,在期限内提出上诉。因证券虚假陈述责任纠纷案件涉及众多投资者,不仅涉及投服中心支持的投资者,也涉及其他律师代理的投资者,法院在裁判该类案件时,往往会考虑案件的群体性,采用统一的标准和方法,判决结果对广大投资者均适用。如对方当事人提出上诉,投服中心会继续支持投资者,由公益律师代理投资者应诉。在个别投资者不满意诉讼结果,对方当事人也未提起上诉的情况下,除非特殊情形,投服中心一般不再支持投资者上诉,投资者需自行聘请律师上诉。

落款包括合议庭署名、日期、书记员署名、院印。确有必要的,可以另页附录。

提起维权诉讼　身份证明文件不可少

近期投服中心陆续联系投资者,通知提起诉讼需告知事项,其中有一项是要求投资者提供身份证明文件原件或者经公证的复印件。沟通联系时,有的投资者觉得已经提供证券账号等文件后,就没必要再提供身份证明文件;有的投资者认为直接在身份证复印件上亲笔签名就可以了;还有的投资者认为,如果害怕笔迹是冒签,不是还有笔迹鉴定吗?这里我们将投资者为什么要提交身份证明文件做一个说明,希望投资者更加清楚地知悉自己在诉讼过程中的义务,顺利地参与诉讼。

根据《若干规定》第6条第2款的规定:"投资人提起虚假陈述证券民事赔偿诉讼,除提交行政处罚决定或者公告,或者人民法院的刑事裁判文书以外,还须提交以下证据:(一)自然人、法人或者其他组织的身份证明文件,不能提供原件的,应当提交经公证证明的复印件;(二)进行交易的凭证等投资损失证据材料。"在民事赔偿诉讼中,原告和被告的确定是诉讼得以启动和进行的重要前提,投资人必须证明确因自己的合法权益受到侵害而提起诉讼。

证券市场交易不同于一般的面对面的交易,投资人委托证券公司买卖证券,大多数交易均是在电脑的撮合下完成的,如今的中国证券市场有数以亿计的投资者,在网络技术的支持下,能够瞬间成交巨大金额的证券买卖交易。正是由于证券市场的特殊性,我国的证券市场要求投资人以个人名义买卖证券,建立个人财产实名制。

证券市场上一些操纵市场、内幕交易的侵权行为人借他人名义开立账户,逃避监管,扰乱证券交易秩序,给国家和股东的利益造成损害,是我国证券法明令禁止的。例如,我国《证券法》第74条规定:"在证券交易中,禁止法人以个人名义开立账户,买卖证券。"因此,《若干规定》中严格了举证责任,投资人必须提供自己真实身份的证明文件,可以将以他人名义开户的不法行为人排除在虚假陈述民事赔偿诉讼之外。

身份证明原件一般指身份证,或者能够证明身份的文件,一般是由公安机关或国家有权机关开具的文件。根据《若干规定》的要求,不能提供身份证明原件的,应当提供经公证证明的复印件。证券账号不能用作身份证明文件,证券账号是证券公司在投资者申请证券账户开户时给予的账号,是作为投资者进行证券交易,具有证券交易损失所需的证明文件。参与证券民事赔偿诉讼,投资者除了要证明自己的身份外,还要证明有投资损失,因为侵权人的侵权行为,给自己带来的经济损失,根据损失金额向法院请求赔偿。按照传统的侵权行为法理论,原告起诉要求被告承担损害赔偿责任时,原告除需举证证明有损害事实、侵权行为之外,还需要证明原告的损失与被告的侵权行为之间有因果关系。在证券市场中,投资者人往往委托证券公司买卖证券,交易均在电子系统下撮合完成,交易速度快,很难辨认交易的对手方。因此,根据《若干规定》,在证券虚假陈述民事赔偿诉讼中,实行因果关系推定原则,减轻了原告的举证责任。只要原告提交相应的证券交易记录,书面记录明确投资者交易时间、交易的品种、数额、价格、交易费用等,证明被告在虚假陈述行为影响证券市场时,原告实施了交易行为,并因此遭受了损失,这对于原告来讲还是比较容易举证的。

到法院打官司是有明确的程序规定的,立案是进入司法程序的第一步。投资者参与诉讼维权,应该知晓相关的规定并予以配合,做到知法、懂法、守法,运用法律的武器维护自己的权益。

民法总则施行后　诉讼时效期间如何计算

中小投资者以诉讼方式自行维权的过程中，往往会担心自己的诉讼时效期间已过。特别是《民法总则》施行后，将诉讼时效期间调整为3年。该调整引起了各方关注和讨论，投资者尤其关注“民法总则施行后，诉讼时效期间如何计算”的问题。2018年7月18日，《最高人民法院关于适用〈中华人民共和国民法总则〉诉讼时效制度若干问题的解释》（以下简称《最高院关于适用民法总则诉讼时效的解释》），妥善处理民法总则与民法通则关于诉讼时效制度主要不同规定的衔接问题。

所谓诉讼时效，指民事权利受到侵害的权利人在法定的时效期间内不行使权利，当时效期间届满时，人民法院对权利人的权利不再进行保护的制度。诉讼时效的产生实质上是对权利人行使权利的督促。简言之，民法赋予权利人一定时限行使权利，自权利人知道或者应当知道权利受到损害以及义务人之日计算期限，如果你在该法定期限内懈怠行使你的权利，超过该法定期限，民法将不再保护你的权利，对方将拥有抗辩权，可以不再履行相应的义务。

《民法总则》已于2017年10月1日起施行，《民法总则》在《民法通则》和相关司法解释的基础上对诉讼时效制度作了重大调整。《民法总则》第188条对民事法律规范的基本内容之一“诉讼时效期间”进行了调整（由1年/2年变为3年）。

人民法院新闻传媒总社发布的新闻稿件《最高法院颁布适用民法总则诉讼时效司法解释》对于作出上述规定的考量因素进行了简要阐释。

第一，关于《民法总则》施行之日，《民法通则》规定的诉讼时效尚未届满情形下，适用《民法总则》第188条关于三年诉讼时效期间的规定，体现了“前后交叉用新法”的适用原则。主要考量了三方面因素：一是有利于保护债权人权益，符合《民法总则》将诉讼时效期间规定为三年以及不再规定一年短期诉讼时效的立法目的。二是当《民法通则》规定的诉讼时效期间跨越《民法总则》施行日时，依据法理，可推定当事人对于《民法总则》三年诉讼时效期间的规定是知情的，不损害当事人的期限利益。三是一般情形下，新法的规定优于旧法，适用新法更有利于保护权利人的权利。

例如，2017年4月12日，原告张某与被告李某因琐事发生纠纷后，原告被被告打伤头部，造成原告住院治疗的后果。因派出所调解未成，2018年4月16日，原告向法院提起诉讼。虽《民法通则》第136条第1款规定，因身体受到伤害要求赔偿的，诉讼时效期间为 1 年,但根据 2017 年 10 月 1 日起施行的《民法总则》第 188 条规定,原告的主张并未超过 3 年的诉讼时效。

第二,关于《民法总则》施行前,《民法通则》规定的 2 年或者 1 年诉讼时效期间已经届满情形下不再适用民法总则关于 3 年诉讼时效期间,主要考量了三方面因素:一是尊重立法本意。二是依据法的溯及力原理。遵循实体从旧、程序从新原则,诉讼时效制度为实体法制度,应采从旧原则。三是基于稳定交易秩序和利益衡平考虑。《民法通则》规定的诉讼时效期间已经届满的情形下,义务人已经享有诉讼时效抗辩权,义务人行使诉讼时效抗辩权的,交易秩序已经稳定,如果再适用《民法总则》的规定会使已经稳定的交易秩序受到冲击。

例如,原告孙某主张其于 2014 年 12 月 5 日受到彭某当众辱骂诽谤,于 2017 年 11 月 6 日向法院提起诉讼。本案中,原告自 2014 年 12 月 5 日知道其权利受到损害,至 2017 年 10 月 1 日已超过 2 年,诉讼时效已届满,不适用《民法总则》有关诉讼时效期间的规定。

民事诉讼裁定书与判决书的区别

大家都知道打官司,法院一般会出具判决书。最近投服中心支持诉讼案件诉讼过程中,陆续收到法院的裁定书。那么,法院出具的裁定书和判决书有什么区别?对投资者来讲,面对裁定书和判决书,应该注意哪些方面?

首先,从定义上来看,裁定书是人民法院在审理民事案件和经济纠纷案件的过程中,就诉讼程序方面的问题依法作出的书面决定。判决书是人民法院在审理民事案件和经济纠纷案件的过程中,就当事人的实体方面的问题依法作出的书面决定。裁定书和判决书解决的问题性质不同。民事裁定书解决有关诉讼程序方面的问题;民事判决书解决当事人之间的民事权利义务关系即实体的问题。

民事诉讼程序是民事诉讼法规定的程序性事项,包括程序性争议和程序性请求。程序性争议是指原被告双方对某一程序事实的合法性发生的争议,程序性请求则是指原告或被告为启动某一程序或实现某项程序权利向法官提出的申请事项。

根据《民事诉讼法》的规定,裁定适用范围包括:

(1)不予受理;(2)对管辖权有异议的;(3)驳回起诉;(4)保全和先予执行;(5)准许或者不准许撤诉;(6)中止或者终结诉讼;(7)补正判决书中的笔误;(8)中止或者终结执行;(9)撤销或者不予执行仲裁裁决;(10)不予执行公证机关赋予强制执行效力的债权文书;(11)其他需要裁定解决的事项等。

诉讼程序性事实从表面上看似乎与待裁判的实体权利争议不直接相关联,但是其关系到诉讼程序的发生、发展、中止和终结,直接影响到当事人的诉讼权利。例如,根据《若干规定》,投资人提起虚假陈述证券民事赔偿诉讼,除提交行政处罚决定或者公告,或者人民法院的刑事裁判文书以外,还须提交身份证明文件,不能提供原件的,应当提交经公证证明的复印件。如果个人投资者在参与诉讼时,未按要求提交身份证明文件或者经公证的复印件,法院可以裁定驳回起诉。所以,投资者需要配合法律规定,完成诉讼程序要求的相应义务,依法维护自己权益。

其次,裁定书和判决书的内容与格式不同。民事判决书的内容比较复杂,一般要求全面地分别叙述案件的事实和理由,在格式上也要求把事实和理由分开书写。判决书应当写明判决结果和作出该判决的理由。

判决书内容包括:(1)案由、诉讼请求、争议的事实和理由;(2)判决认定的事实和理由、适用的法律和理由;(3)判决结果和诉讼费用的负担;(4)上诉期间和上诉的法院。判决书由审判人员、书记员署名,加盖人民法院印章。民事裁定书的内容比较简单,一般不要求具体叙述案件的事实,在格式上也不要求有事实和理由的区分。

第三个区别是关于上诉的规定。民事裁定除法律明文规定准许当事人上诉的以外,一般不准许上诉。《民事诉讼法》第 154 条规定,针对不予受理的裁定、对管辖权有异议的裁定、驳回起诉的裁定,当事人可以提出上诉,民事裁定的上诉期限为 10 日。裁定书一经送达即发生法律效力。民事判决除法律明文规定一审终审的以外,一般都准许上诉,上诉期限为 15 日,在上诉期内,民事判决书虽已送达,但还没有发生法律效力。

裁定书主要是对诉讼程序方面的问题作出的书面决定,投资者收到裁定书后,可以在 10 日内向上一级人民法院提出上诉,也可以继续诉讼。例如,上例中投资者因未能提供身份证明文件或者经公证的复印件,被法院驳回起诉。投资者收到裁定书后,可以按照规定准备证明文件或者公证文件,重新提起诉讼。

司法公正包括实体公正和程序公正,是维护司法公正的可靠保障。程序公正相对于实体公正,强调的是法律适用中的操作规程的公平,它强调的是审判过程的严格和平等,所以司法程序往往比较烦琐,必须遵循法定的方式、方法、顺序及步骤等开展。

当合法利益受到证券虚假陈述行为的侵害时,中小投资者可以采用司法手段进行维权,一定要按规定提交诉讼相关材料,配合律师,依法维权,顺利地参与诉讼。

(相关系列内容可至中国投资者网查阅。)

第三节 “他山之石”

“他山之石”——金融纠纷解决机制巡礼之香港篇

中国香港在2011年11月成立了金融纠纷调解中心，该中心是一个非营利性机构，旨在通过先调解后仲裁的方式，为金融机构和客户提供一个在诉讼以外、独立而费用相宜的途径来解决两者之间的金钱争议。

（一）金融纠纷调解机制适用范围

金融纠纷调解中心的调解计划只适用于在中国香港境内订立的与金融契约有关的金钱纠纷案件，且最高申索金额不超过50万港元。在处理案件的时效上，根据《个案受理准则指引》规定，金融纠纷调解中心只处理申诉人自购买金融服务或因金融服务造成损失的12个月以内的纠纷案件，超过12个月的纠纷案件则拒绝受理。

调解计划要求申诉人应当先就消费纠纷向相关金融机构投诉部门反映，金融机构在60日期限内回复消费者处理意见。消费者在直接协商未能达成和解且投诉满60日后，才可就相关纠纷情况向调解中心申诉。

（二）金融纠纷调解中心的服务对象

作为一站式的综合性金融纠纷解决机构，中国香港金融纠纷调解中心的服务对象为与金融机构发生交易行为的个人投资者或独资经营者。这也符合国际上通行的对金融消费者概念的界定。参与金融纠纷调解中心所管理的调解计划的金融机构必须获得香港金融管理局或者香港证券及期货事务监察委员会发牌，且必须与个人消费者或独资经营者有业务往来关系。而对于保险业金融机构，由于已有的保险索偿投诉局机制运作良好,因此不包含在金融纠纷调解计划内。

(三)金融纠纷调解机制的投诉流程

1. 初次查询或投诉。以电话、信函或电邮,或现场提出。金融纠纷调解中心的当值主任会回答或查询,并向消费者解释有什么渠道可进一步处理查询。

2. 提出申诉。消费者填写申诉表格并提交给金融纠纷调解中心,对金融机构提出申诉。

3. 处理申诉。当值主任向申诉人和金融机构收集资料。金融机构会被邀请就争议事项作出回应。当值主任会决定金融纠纷调解中心应否接纳该个案以作调解。

4. 进行调解。双方须就委任调解员达成协议,然后召开调解会议。经调解达成的和解是保密的,不得公开,而且和解条款必须是双方都接受的。

5. 仲裁。如调解失败,申诉人可选择继续进行仲裁解决纠纷。如选择仲裁,将由一名经双方同意的独立仲裁员作出裁决。仲裁裁决是终局的,对双方均具约束力。

(四)金融纠纷调解中心的权力与监管机构的关系

金融纠纷调解中心不是监管机构,没有监管的权限。但在受理纠纷的过程中,该中心也会遇到消费者对金融机构不当行为的指控,当值主任受过专业的培训,接到这类投诉后会告诉消费者可以向哪些机构申请保护他们的权益,消费者可以自行决定是否将案件交给监管机构,还是先让金融纠纷调解中心解决有关的金钱纠纷。

同时,金融纠纷调解中心如果发现有关金融机构存在违法违规的情况,由于本身没有调查这些问题的权限,可以提醒监管机构注意。如果监管机构认为违法违规的情况确实存在,该中心需要暂停调解和仲裁工作,把相关的投诉转交给监管机构处理,待监管机构调查结果出来后再对争议纠纷进行处理。

(五)金融纠纷调解中心的法律形式

金融纠纷调解中心是担保有限公司的形式。这样操作的优点在于注册程序简单直接,而且无须特别立法。同时,也可以保持其独立于政府、监管机构、业界及类似的消费者组织。

为了监督其工作成效,保证金融纠纷调解中心的高效运作,该中心由一个董事局(包括主席在内,有7~15名成员)管理,董事局负责制定整体政策及监察其运作,并确保争议解决程序的独立公正。董事局不得干预调解和仲裁的过程及结果。董事局成员有广泛代表性,包括从事金融服务业的人士以及备受推崇兼熟识金融服务和保障消费者权益等相关事宜的社会贤达。董事局成员包括金融纠纷调解中心的行政总裁,以及由政府和监管机构所委任的人士。

(如果您是投资者或证券期货基金经营机构、上市公司等市场主体,有纠纷调解需求,可以致电 021 - 50187501 或在中国投资者网站提起纠纷调解申请,投服中心调解工作人员会在接到您的调解申请后,及时与您取得联系。)

“他山之石”——金融纠纷解决机制巡礼之美国篇

美国金融业监管局(Financial Industry Regulatory Authority,FINRA)是由美国证券交易商协会和纽约证券交易所监管局于 2007 年合并发起成立的。目前,作为美国最大的证券业自律组织,FINRA 已经成为证券调解业务开展中的主力军。

一、受理范围

作为 FINRA 的指导规则,《调解程序规则》已于 2007 年 4 月 16 日生效。调解程序规则规定,“本规则适用于任何提交给 FINRA 调解的事项”。其中“事项”指纠纷、索求或者争议。“只要各方同意,投资者与经纪商之间,经纪商之间以及经纪商与雇员之间的各种纠纷,以及纠纷中的各种具体问题,都可以提交 FINRA 进行调解。”

在正式的调解开展前,FINRA 推荐先将问题通报给证券经纪商的部门经理,由其进行初步判定。对于那些由于对业务不熟悉或者理解有偏差而导致的纠纷,通过此环节就可以解决问题,大大提高了问题解决的效率。

二、基本原则

一是自愿原则。FINRA 调解程序规则规定,调解是在自愿的基础之上开展的,任何一方在调解过程中均可以要求退出调解程序,最终的结果也是双方自愿达成的。各当事方在调解过程中可以通过直接协商达成和解以结束调解程序。二是中立原则。FINRA 在调解过程中,以中立的态度开展工作。调解员没有确定争议焦点、作出决定或以任何方式解决调解事项的权利,他们在每一个环节均以专业的、不带有倾向性的态度推动工作前进。如果需要与任何一方以任何形式单独交流,调解员需要通知调解案件当中所涉及的所有当事方。三是保密原则。在调解中,应当全程保密,除非获得了当事方的授权,否则不得向任何当事方泄露调解过程中的任何信息。对于调解的任何当事方,均不可泄露、传播、引用或以其他任何方式使用在调解过程中获知的信息。

三、调解流程

首先,申请人需要提交书面调解申请,经调解主任确定该事项适宜调解之后则进入正式的调解程序,当事方自愿选择调解员,各当事方集中进行调解。

如果是经调解后达成协议,则各方应当签署书面协议并予以执行。通常,调解结束时调解员会根据调解达成的具体条件让各当事方签署一个谅解备忘录,之后再签署并履行书面协议。协议一旦签署,则当事各方受其约束并付诸执行。

四、调解特点

(一)调解终局

FINRA 的调解结果与中国调解制度规定不同。在中国,如果经过调解当事方仍然存有争议,则可以到法院进行起诉,通过司法途径争取解决纠纷。但 FINRA 的调解结果被认为是最终结果,参与其中的各个当事方默认自动放弃了启动司法程序的权利。

(二)机制灵活

调解地点不局限于传统的写字楼会议室当中,也可以是宾馆的房间甚至是不见面的电话调解。

电话调解通常针对小额纠纷,其调解程序与普通案件基本一致。但对于纠纷金额在 50,000 美元以下的案件,当事各方可以选择采用本人或代理律师电话调解的方式进行,这种方式不仅节省了交通费,更增加了便利性,提高了调解积极性。

(三)费用较低

FINRA 的调解费通常不超过 300 美元,包括了调解员费用、场地使用费等。但是对于某些小型案件可以免除调解费用,尤其是通过电话调解的方式进行调解,调解费用的减免力度更大,例如,调解金额在 25,000 美元以下的免调解费,调解金额在 25,000 ~ 50,000 美元的,采用仅 50 美元/时的标准收费。这与高昂的诉讼费用相比,具有明显的优势。

(四)时间较短

FINRA 的调解周期约为 80 ~ 100 天,而仲裁的平均周期往往在 1 年以上。通过法院进行司法诉讼的,则往往会面临两三年甚至更长时间。就这个角度而言,FINRA 的效率之高一目了然。

综上所述,FINRA 这一制度不仅规则设计较为规范,而且在真正实施过程中具有灵活、快捷、高效等诸多特点。虽然美国的调解终局制等具体操作在中国的适用推广有待商榷,但仍旧提供了十分优秀的范例,值得我们探讨和学习。

“他山之石”——金融纠纷解决机制巡礼之日本篇

作为东亚地区率先在证券业导入金融申诉专员制度的先例和样板，日本通过立法强化纠纷解决的权威性和高效性，2009 年设立证券和金融商品斡旋咨询中心（以下简称 FINMAC），随后将其确定为“指定纠纷解决机构”。其独具特色的咨询、投诉、斡旋一体化运营以及对金融机构课以单方面的强制性义务，实现了投资者保护的公平性和金融机构的效率性，真正达到了实质公平与经济高效之间的最佳平衡。

一、FINMAC 纠纷处理的具体流程

FINMAC 的纠纷受理流程与国内一些调解组织的流程总体上一致，不同的是机构方在流程中所承担的义务存在许多差别。具体流程如下：由投资者方提出斡旋申请书，FINMAC 决定受理之后，选定处理该案的斡旋委员并通知申请人已受理该案件，同时对相应机构发出斡旋通知及申请书等。在此过程中机构负有程序应诺义务与资料提出义务，相应机构提出答辩书，由 FINMAC 送达投资者。接下来由斡旋委员对双方当事人进行询问调查，基于判例、先例及自己的经验见解提出斡旋方案。

在斡旋过程中，若双方达成一致意见，则签订和解合同。若机构方等原则上有受托义务或机构方受托困难，则斡旋结束，由机构方提起债务不存在确认的诉讼等来解决纠纷。如果没有达成一致意见的可能性，斡旋委员可对情况进行判断结束斡旋程序，通知当事人双方以诉讼等方式解决纠纷。在斡旋过程中，若有助于纠纷解决，斡旋委员还需提出和解方案或特别调停方案。特别调停方案因伴随有一定条件的拘束力，在取得投资者一方同意的情况下，即使机构方很难同意，仍需将该特别调停方案提出的相当于损害赔偿额的款项寄存于 FINMAC，在 1 个月内不能提起债务不存在确认等诉讼。

二、FINMAC 纠纷解决制度的特点

(一)处理投诉和纠纷的斡旋分别适用不同程序

具体负责投诉的是 FINMAC 的职员，而负责纠纷斡旋的则是聘任的具有金融知识的律师。由于这两种程序在诸多方面存在差异，因此，发生纠纷的投资者必须明确表明利用何种程序化解纠纷。负责投诉的人员主要是敦促金融机构诚实应对投诉、

自主与投诉人和解，而斡旋程序中的斡旋委员积极行使调解权，可根据需要直接制作调解方案。投诉应在2个月内获得解决，对未获解决的投诉应告知当事人可选择斡旋程序解决纠纷，斡旋程序则应在4个月内结束。

（二）由精通金融知识的律师负责纠纷的斡旋程序

斡旋委员必须具有5年以上律师实务经验且精通金融知识。斡旋委员独立行使调解权，FINMAC的任何人均不得干涉其调解事务，若FINMAC实质支配者有此行为的，斡旋委员可向FINMAC事务局报告，事务局必须采取排除措施。

（三）纠纷的斡旋程序体现效率性和经济性

提高纠纷解决效率是斡旋程序的一个重要特点，根据业务规程的规定，斡旋委员应努力在4个月内调解完纠纷，并且若遇以下情形必须以书面形式通知当事人终止斡旋程序以防止久调不决：(1)一方当事人明显没有和解的意思；(2)很难直接达成和解且如果继续斡旋即使最终调解成功，当事人获得利益也将得不偿失；(3)一方当事人连续2次或共有3次不出席调解程序；(4)经审理发现纠纷事实不适合调解。

降低纠纷解决成本也是投资者追求的目标之一，金融厅要求纠纷解决机构即使向当事人收取程序费用也不能超过必要限度，不能给当事人造成经济负担。对此，FINMAC规定了非常低廉的程序费用标准，根据纠纷金额的大小，斡旋申请者所缴纳的程序费用在170～4170元人民币，这大大低于民事诉讼费用。

（四）纠纷斡旋程序对金融机构附加相应的义务

这是FINMAC与国内纠纷受理流程最明显的不同，根据我国《人民调解法》的规定，调解是双方自愿的。而FINMAC为有效保护投资者权益，业务规程对金融机构附加相应的义务。不履行有关义务的，可将其机构名称、商号以及不履行义务的事实向社会公布并令其改正，同时向金融监管机构报告。对金融机构附加了以下义务：(1)投资者申请斡旋后不得拒绝利用斡旋程序解决纠纷的义务。(2)规定了金融机构履行提交有关证据资料的义务。金融纠纷很多证据掌握于金融机构手中，及时获取这些证据资料有助于了解纠纷事实以实现调解的公平性。(3)金融机构有义务接受斡旋委员根据公平原则作出的调解方案，如果拒绝接受则必须提出拒绝理由书。而对于在当事人之间难以达成和解情形下由斡旋委员直接作出的"特别调解方案"，金融机构必须接受，不得拒绝，仅有金融消费者可拒绝接受特别调解方案。

“他山之石”——澳大利亚金融消费纠纷非诉调解机制借鉴

随着金融消费者与金融服务机构的纠纷日益增多,为了保护金融消费者的利益,澳大利亚成立了第三方非诉调解机构即金融调查服务处(Financial Ombudsman Service,FOS),专门负责处理金融消费纠纷,为澳大利亚金融消费者权益保障提供了有力途径。

FOS不是政府的监管部门,而是一个独立于纠纷双方的第三方纠纷解决机构,在澳大利亚国内能够被金融消费者广泛接受,其原因主要有以下三点:第一,FOS对消费者提供免费服务,消费者不必承担法律诉讼失败而可能产生的费用;第二,FOS是一个独立于纠纷发生双方的第三方非诉机构,始终保持中立立场;第三,FOS的工作透明,信息披露机制完善,工作人员具有高效率、高素质的特点。这也使该机构在解决金融消费纠纷方面成果显著。

FOS的管理体制和机制主要有以下几个方面的特点。

一、会员调解,FOS负责协调和制定规则

FOS有大量的会员作为调解员,具体调解职责由调解员负责,FOS的会员主要是各类金融机构。FOS设有董事会,一共9名成员,包括董事会主席、消费者代表和金融服务行业代表各3人。董事会职能包括监督工作效率,对政策相关问题提供指导方针,制定资金预算以及审查工作范围和管辖权限,但不管理具体调解业务。FOS的调解职责由不同级别的调解员负责,主要包括做出管辖权方面的决策,通过做出决定来解决纠纷,以及主持和参加FOS专家组工作。FOS设首席调解员,并下设4个具体部门,即案件决定部、一般解决部、特殊解决部和战略与业务部。FOS的外部治理机制是对监管当局——澳大利亚证券和投资委员会负责,并定期向其报告工作。FOS作为非诉调解机构,有明确的管辖权限,如受理纠纷的索赔限额设在50万澳元;FOS可以决定的货币索赔限额为30.9万澳元。

二、FOS调解的主要原则

FOS处理纠纷有四大原则。第一,中立性原则。FOS受理纠纷案件之后,自行调查所有问题,既与消费者联系收集信息,又听取金融机构对此事的反馈,而非单独听

取当事人的一面之词。第二,非诉讼方式解决纠纷原则。FOS 致力于通过协商和调解的方式来解决纠纷案件,达到令纠纷双方都满意的效果。第三,约束力原则。FOS 处理纠纷案件时,如果纠纷双方对其提出的建议都能够接受,则该建议具有约束力,如果一方反对该建议,则提交裁决委员会作出最终决策,若消费者在 30 日之内没有对该结果提出异议,则该决策对金融机构具有约束力。第四,尊重消费者原则。FOS 在对纠纷案件作出最终决策之后,如果消费者不接受 FOS 的决定,则该决策对发生纠纷的双方都没有约束力。

三、FOS 费用来源以基本会费为主

FOS 的收费包括三个方面——基本费用、使用费用和案件费用。基本费用即 FOS 所有会员都应缴纳的会费,根据其业务规模的大小,收费标准在每年 275 澳元至 11,000 澳元,规模越大的金融机构需缴纳的会费就越多。使用费用采取 1 年结算一次的方式,对于在 FOS 有纠纷的会员,基于计费日之前 12 个月内发生纠纷的数量和复杂程度来收取使用费,调解次数越多越复杂,则该会员所需缴纳的使用费越多,该费用的收费目的在于减少会员机构对 FOS 的使用。案件费用是对每个纠纷案件的收费,标准基于纠纷在哪个阶段得到解决以及纠纷的复杂程度,纠纷处理的各个流程都需收取案件费用,其目的在于鼓励会员机构尽快尽早解决纠纷。

以上三个方面的收费对象均为 FOS 的会员机构,收取的费用用于 FOS 的日常运作,对消费者并不收取任何费用,但是在处理纠纷的过程中,如果消费者想聘用律师或者其他法律方面的专业人士,则由此所产生的费用需要自行承担。

四、FOS 进一步分类精细化管理

对于消费者提出的纠纷申请,在原有的登记和提交流程之后,FOS 对纠纷案件进行区分,根据复杂程度和金额大小分为快速通道纠纷和一般纠纷,将一些简单或金额较小(一般小于 10,000 澳元)的纠纷纳入快速通道进行处理,由专家在流程早期介入参与,减少纠纷解决流程的接口。一般纠纷案件可以通过协商和调解的程序解决,协商无法解决的纠纷将直接进入决策流程。FOS 的流程改进由垂直化向扁平化发展,大大提升了纠纷案件的处理效率。

“他山之石”——加拿大金融纠纷解决机制

加拿大的金融体系主要由国家金融机构、商业银行和其他金融机构三类组成。加拿大的银行体系被公认为是世界上最稳健的银行体系之一。加拿大银行服务与投资督察员(Ombudsman for Banking Services and Investments,OBSI)是加拿大主要的金融纠纷第三方争端解决机构,作为一个独立的全国性提供纠纷解决服务的非营利公司,致力于解决其成员机构与其客户之间不能自行解决的争端。

一、OBSI的服务对象与人员组成

OBSI的前身是成立于1996年的加拿大银行业督察员(Canadian Banking Ombudsman,CBO),2002年扩展了处理纠纷的金融业机构类型的范围,投资基金公司(共同基金)、投资商(券商)、共同基金经纪人、信用社等受监管的机构都加入CBO中,CBO也更名为OBSI。

OBSI由一个独立的董事会负责全面管理,董事会的大部分成员来自社区,至少在任职前2年已经与政府或业界脱离关系;小部分成员从业界的提名中遴选,董事不参与具体案件的调查和决定。督察员是OBSI机构的具体领导者,由董事会任命,必须独立于政府和业界,并在获得任命前至少与业界脱离关系5年以上。OBSI的职员在金融服务、法律、会计和争议处理等方面受过专门训练,有着丰富的经验。OBSI投诉受理范围包括银行、联邦政府监管的信托投资公司、投资商、共同基金交易商、共同基金公司和奖学金计划经销商以及部分信用社。

二、OBSI受理处理程序

OBSI采用国际广泛认同的争议处理标准建立自己的业务准则,如及时、方便、一致、保密等。它的服务是独立公正的,并向消费者免费提供。OBSI不是监管机构,它的任务是以非正式的、保密的方式,公正独立地处理消费者和金融机构之间没有自行圆满解决的争端。OBSI会着重关注那些由于金融机构的行为过失、信息误导、建议失当导致消费者财务损失的争议。OBSI的评判所遵循的标准包括行业准则、法律规定、监管政策等,但会视个案情况,不受法律拘束地判定某个案件中的“具体个案公平”。

OBSI 公平地向业界和消费者提供纠纷解决服务，因此，OBSI 的参与成员机构及其消费者都可以将它们未能自行解决的纠纷提交 OBSI 评议。OBSI 受理争议案件后，首先会审查是否经过当事金融机构的内部程序处理，从而确定是否属于 OBSI 管辖的范围。然后，根据当事机构对争议的最后答复意见及消费者提供的材料，对争议进行书面评议，必要时会展开调查。调查时，会与争议方进行面谈，审阅相关文件，与争议双方讨论调查结果，形成一个综合报告。在此基础上，做出 OBSI 的争议处理建议并阐明理由。涉及金钱赔偿的建议，在确定赔偿数额时，考虑的因素包括消费者的实际损失、利息及从缓解问题的角度给予的补偿，目前的争议处理建议赔偿金额上限为 35 万加元。有时，OBSI 也会提出一些不涉及金钱赔偿的争议处理建议。一般情况下，争议处理建议会在 180 日内做出，复杂案件可以适当延长。

OBSI 的争议处理建议不具有强制性，金融机构和消费者可以拒绝接受 OBSI 的争议处理建议，转而寻求法院的诉讼裁决。如果成员机构拒绝接受 OBSI 的争议处理建议，OBSI 依然会将机构名称和建议内容公之于众。近年来，OBSI 的争议处理建议被拒绝的情况有所增加，但总体而言，OBSI 的争议处理建议获得了机构和客户较高的接受度，超过 99.8% 的纠纷得到了解决。

第四章

走进科创板

Handbook on Interests and Rights of Investors

走近科创板（一）

李奶奶：小钟老师，最近我看到新闻说上海证券交易所马上要设立科创板了，能否给我讲讲什么是科创板？

小钟老师：好的。科创板的全称是科技创新板，是独立于主板、中小板、创业板和新三板的新设板块，也是我国首个试点注册制的场内交易股票市场，主要服务于符合国家战略、突破关键核心技术、市场认可度高的科技创新企业。

李奶奶：科创板主要支持哪几类企业上市？

小钟老师：科创板重点支持新一代信息技术、高端装备、新材料、新能源、节能环保以及生物医药等高新技术产业和战略性新兴产业。科创板注重企业科技创新能力，允许符合科创板定位、尚未盈利或存在累计未弥补亏损的企业在科创板上市。

李奶奶：科创板对上市公司有哪些财务指标要求？

小钟老师：不同于其他板块，科创板按照市值规模制定了五套财务指标标准，上市公司应至少符合以下其中一项：

（一）预计市值≥10 亿元，最近两年净利润均为正且累计净利润不低于人民币 5000 万元或最近一年净利润为正且营业收入不低于人民币 1 亿元；

（二）预计市值≥15 亿元，最近一年营业收入不低于人民币 2 亿元且最近三年累计研发投入占最近三年累计营业收入比例不低于 15%；

（三）预计市值≥20 亿元，最近一年营业收入不低于人民币 3 亿元，且最近三年经营活动产生的现金流量净额累计不低于人民币 1 亿元；

（四）预计市值≥30 亿元，且最近一年营业收入不低于人民币 3 亿元；

（五）预计市值≥40 亿元，主要业务或产品需经国家有关部门批准，市场空间大，目前已取得阶段性成果。医药行业企业需要至少一项核心产品获准开展二期临床试验，其他符合科创板定位的企业需具备明显的技术优势并满足相应条件。

李奶奶：科创板试点注册制的审核流程是怎样？

小钟老师：科创板上市制度规定由上海证券交易所负责科创板发行上市审核，证监会负责股票发行注册。注册环节，证监会不适用发行审核委员会审核程序，依照规定的发行条件和信息披露要求，在 20 个工作日内做出是否同意注册的决定。证监会认为需要进一步说明或落实事项的，可以要求证券交易所进一步问询。

李奶奶:科创板适用的主要减持制度有哪些?

小钟老师:一是明确规定特定股东可以通过非公开转让、配售方式转让首发前股票;二是规定控股股东、实际控制人股份锁定期为 36 个月,核心技术人员锁定期为 12 个月;三是规定公司未盈利前,控股股东、实际控制人、董事、监事、高级管理人员及核心技术人员自上市起 3 个完整会计年度内不得减持首发前股票;控股股东、实际控制人自上市起第四、第五个会计年度内,每年减持的首发前股份不得超过 2%;四是明确规定其他安排参照现行减持制度。

李奶奶:科创板的退市制度与主板有哪些不同?

小钟老师:一是取消暂停上市、恢复上市环节;二是触及财务类退市指标的上市公司,第一年实施退市风险警示,第二年仍触及的即退市;三是不再设置重新上市环节;四是因重大违法强制退市的,不得提出新的发行上市申请,永久退出市场。

李奶奶:科创板股票的定价方式是怎样?

小钟老师:科创板将取消直接定价方式,全面采用市场化的询价定价方式,询价对象限定在证券公司等 7 类专业机构投资者,个人投资者无法直接参与发行定价。

李奶奶:科创板股票的配售机制是怎样?

小钟老师:科创板保留网上加网下的配售机制,同时拓宽战略投资者配售、保荐机构参与配售、发行人的高管与核心员工战略配售以及超额配售选择权四种配售机制。

李奶奶:小钟老师,我可以购买科创板股票吗?

小钟老师:科创板在投资者门槛主要有两方面要求:一是申请权限开通前 20 个交易日证券账户及资金账户内的资产日均不低于人民币 50 万元(不包括投资者通过融资融券融入的资金和证券);二是参与证券交易 24 个月以上。投资者参与科创板股票交易的,应当使用沪市 A 股证券账户,如果您符合前述要求就可以购买科创板股票了。

李奶奶:科创板股票交易机制有什么特别规定吗?

小钟老师:科创板新股上市后的前 5 个交易日不设价格涨跌幅限制,其余实行涨跌幅限制,涨跌幅比例拓宽至 20%。通过限价申报买卖科创板股票的,单笔申报数量应当不小于 200 股,且不超过 10 万股;通过市价申报买卖的,单笔申报数量不应当小于 200 股,且不超过 5 万股。股票卖出时,余额不足 200 股的部分,应当一次性申报卖出。目前,科创板制度中未引入 T+0 的交易机制,仍沿用 T+1 交易制度。

李奶奶：谢谢小钟老师，我还要多多学习相关规则，认真评估风险后再选择是否投资科创板的股票。

小钟老师：是的，您有这样的意识很正确。因科创板企业普遍具有技术新、前景不确定、业绩波动大、风险高等特征，科创板股票上市后可能存在股价波动风险，投资者应当在申购环节充分知悉相关规则、合理评估投资风险。相关“权益360”系列文章也可以到中国投资者网上自行查阅，全面了解相关信息，对自己的投资负责。

走近科创板（二）

朱小哥:小钟老师,上次您介绍了科创板,我感觉非常有意思,感慨之余我也琢磨着想借科技创新的新风在资本市场上大展一番拳脚呢。

小钟老师:哈哈,好的,朱小哥,这次想了解什么方面的内容呢?

朱小哥:小钟老师,科创板对个人投资者有设立准入条件吗?

小钟老师:是的,个人投资者参与科创板股票交易,应当符合三个条件:一是申请权限开通前 20 个交易日证券账户及资金账户内的资产日均不低于人民币 50 万元(不包括投资者通过融资融券融入的资金和证券);二是参与证券交易 24 个月以上;三是上海证券交易所规定的其他条件。

这主要源于科创板股票交易实行投资者适当性管理制度。参与科创板股票交易的投资者应当符合规定的适当性管理要求,个人投资者还应当通过科创板股票投资者适当性综合评估。

朱小哥:小钟老师,证券账户及资金账户内资产如何认定呢?

小钟老师:可用于计算个人投资者资产的证券账户,应为中国证券登记结算有限责任公司(以下简称中国结算)开立的证券账户,以及个人投资者在会员开立的账户。中国结算开立的账户包括 A 股账户、B 股账户、封闭式基金账户、开放式基金账户、衍生品合约账户及中国结算根据业务需要设立的其他证券账户。可用于计算个人投资者资产的资金账户,包括客户交易结算资金账户、股票期权保证金账户等。

中国结算开立的证券账户内,可计入个人投资者资产的资产包括股票(包括 A 股、B 股、优先股、通过港股通买入的港股和全国中小企业股份转让系统挂牌股票)、公募基金份额、债券、资产支持证券、资产管理计划份额、股票期权合约(其中权利仓合约按照结算价计增资产,义务仓合约按照结算价计减资产)、上海证券交易所认定的其他证券资产。在券商开立的账户内,可计入个人投资者资产的资产包括公募基金份额、私募基金份额、银行理财产品、贵金属资产等。资金账户内,可计入个人投资者资产的资产包括客户交易结算资金账户内的交易结算资金、股票期权保证金账户内的交易结算资金(包括义务仓对应的保证金)、上海证券交易所认定的其他资金资产。

计算个人投资者各类融资类业务相关资产时,应按照净资产计算,不包括融入的证券和资金。

朱小哥:小钟老师,参与证券交易经验如何认定呢?

小钟老师:个人投资者参与A股、B股和全国中小企业股份转让系统挂牌股票交易的,均可计入其参与证券交易的时间。相关交易经历自个人投资者本人一码通账户下任一证券账户在上海证券交易所、深圳证券交易所及全国中小企业股份转让系统发生首次交易起算。首次交易日期可通过券商向中国结算查询。

朱小哥:小钟老师,为什么需要这么严格的准入条件呢?这不是限制了投资者吗?

小钟老师:朱小哥,别着急,听我慢慢说。科创板企业所处行业和业务往往具有研发投入规模大、盈利周期长、技术迭代快、风险高以及严重依赖核心项目、核心技术人员、少数供应商等特点,企业上市后的持续创新能力、主营业务发展的可持续性、公司收入及盈利水平等仍具有较大不确定性,股票上市后可能存在多种风险,这种严格的准入条件是为了保护我们投资者的。

第一,个人投资者的资产状况、投资经验、风险承受能力和诚信状况等都是要进行综合评估的;第二,个人投资者是否了解科创板股票交易的业务规则与流程,以及是否充分知晓科创板股票投资风险应当重点评估;第三,至少每两年进行一次风险承受能力的后续评估;第四,投资者要关注投资风险,理性、规范地参与科创板股票交易。

实施投资者适当性制度,并不是将不符合要求的投资者拦在科创板大门之外,不符合投资者适当性要求的中小投资者仍可以通过公募基金等产品参与科创板。

朱小哥:那在参与科创板股票交易之前是否要签署风险知悉相关的文件呢?

小钟老师:朱小哥真的非常有法律意识和风险意识。首次委托买入科创板股票的投资者,应当以纸面或电子形式签署科创板股票交易风险揭示书,风险揭示书应当充分揭示科创板的主要风险特征。投资者未签署风险揭示书的,不得进行申购或者买入委托。

投资者应当充分知悉和了解科创板股票交易风险事项、法律法规和交易所业务规则,结合自身风险认知和承受能力,审慎判断是否参与科创板股票交易。

朱小哥:小钟老师,关于风险我已经有了一个明确的认识,请您再给我讲解一下投资者参与科创板股票交易的方式吧。

小钟老师:没问题。投资者主要通过三种方式参与科创板股票交易:第一种是竞价交易;第二种是盘后固定价格交易;第三种是大宗交易。

朱小哥:竞价交易和大宗交易以前都听说过,盘后固定价格交易是什么意思?

小钟老师:盘后固定价格交易,指的是在收盘集合竞价结束后,上海证券交易所交易系统按照时间优先顺序对收盘定价申报进行撮合,并以当日收盘价成交的交易方式。

每个交易日的15:05至15:30为盘后固定价格交易时间,当日15:00仍处于停牌状态的股票不进行盘后固定价格交易。上海证券交易所接受交易参与人收盘定价申报的时间为每个交易日9:30至11:30以及13:00至15:30。

朱小哥:那如果遇到开市期间停牌的情况呢?

小钟老师:开市期间停牌的,停牌期间可以继续申报。停牌当日复牌的,已接受的申报参加当日该股票复牌后的盘后固定价格交易。当日15:00仍处于停牌状态的,上交所交易主机后续不再接受收盘定价申报,当日已接受的收盘定价申报无效。接受申报的时间内,未成交的申报可以撤销,撤销指令经上交所交易主机确认方为有效。您也可以到中国投资者网上自行查阅相关"权益360"系列文章。

科创板信息披露知多少（一）

小费阿姨：小钟老师，我最近在学习科创板的相关内容，感到获益匪浅啊！我们作为投资者，对于上市公司信息披露方面的内容也十分重视，您能和我说说科创板在这方面的规定吗？

小钟老师：好的。科创板信息披露方面的法律法规主要有《科创板首次公开发行股票注册管理办法（试行）》《公开发行证券的公司信息披露编报规则第24号——科创板创新试点红筹企业财务报告信息特别规定》《公开发行证券的公司信息披露内容与格式准则第41号——科创板公司招股说明书》《公开发行证券的公司信息披露内容与格式准则第42号——首次公开发行股票并在科创板上市申请》《公开发行证券的公司信息披露编报规则第24号——科创板创新试点红筹企业财务报告信息特别规定》等，目前新的法律法规还在不断制定完善中。

小费阿姨：小钟老师，发行人、保荐人、证券服务机构和证券交易所在科创板信息披露方面的具体责任是怎么样的呢？

小钟老师：发行人作为信息披露第一责任人，应以投资者投资需求为导向编制招股说明书，为投资者作出价值判断和投资决策提供充分且必要的信息，保证相关信息的内容真实、准确、完整。发行人在招股说明书中披露盈利预测及其他涉及发行人未来经营和财务状况信息时，应做到谨慎、合理。发行人应当结合科创板定位，就是否符合相关行业范围、依靠核心技术开展生产经营、具有较强成长性等事项进行审慎评估。

保荐人、证券服务机构切实履行信息披露的把关责任，督促发行人及其保荐人、证券服务机构提高信息披露质量，便于投资者在信息充分的情况下作出投资决策。保荐人应当就发行人是否符合科创板定位进行专业判断。将发行人的诚信责任和中介机构的把关责任落实到位，是发行上市监管的重要目标，也是注册制试点的改革方向。

证券交易所在发行上市审核中，将关注发行人的评估是否客观，保荐人的判断是否合理，并可以根据需要就发行人是否符合科创板定位，向科技创新咨询委员会提出咨询。证券交易所对发行条件的审核，重点关注发行人是否符合《科创板首次公开发行股票注册管理办法（试行）》及中国证监会规定的发行条件，以及保荐人和律师事务所等证券服务机构出具的发行保荐书、法律意见书等文件中是否就发行人符合发行条件逐项发表明确意见,且具备充分的理由和依据。交易所对前款规定的事项存在疑问的,发行人应当按照交易所要求作出解释说明,保荐人及证券服务机构应当进行核查,并相应修改发行上市申请文件。

小费阿姨:科创板新增了行业信息和经营风险的披露要求?您能和我说说具体规定是什么样的吗?

小钟老师:上市公司需披露所处行业的基本特点、主要技术门槛,报告期内新技术、新产业、新业态、新模式的发展情况和未来发展趋势;核心竞争优势,核心经营团队和技术团队的竞争力分析,以及报告期内获得相关权利证书或者批准文件的核心技术储备;当期研发支出金额及占销售收入的比例、研发出的构成项目、费用化及资本化的金额及比重;在研产品或项目的进展或阶段性成果;研发项预计总投资规模、应用前景以及可能存在的重大风险等。上市公司可以在《企业会计准则》规定范围外,披露息税前利润、自由现金流等反映公司价值和行业核心竞争力的参考指标。

上市公司尚未盈利的,应当在年度报告显著位置披露公司核心竞争力和经营活动面临的重大风险。上市公司应当结合行业特点,充分披露尚未盈利的原因,以及对公司现金流、业务拓展、人才吸引、团队稳定性、研发投入、战略性投入、生产经营可持续性等方面的影响。

小费阿姨:科创板在股权质押方面的规定也有新增的地方,具体是什么样的呢?

小钟老师:上市公司控股股东及其一致行动人质押股份占其所持股份的比例达到50%以上,且出现债务逾期或其他资信恶化情形的,应当及时通知公司。

控股股东及其一致行动人出现质押平仓风险的,应当及时通知上市公司,披露是否可能导致公司控制权发生变更、拟采取的措施,并充分提示风险。

上市公司持股5%以上股东质押股份,应当在2个交易日内通知上市公司,并披露本次质押股份数量、累计质押股份数量以及占公司总股本比例。这些规定都是为了防止股东高质押率带来的风险。

小费阿姨:如果科创板股票发生严重异常波动,上市公司需要进行信息披露吗?

小钟老师:是的。上市公司股票交易出现交易所规定的严重异常波动的,公司或相关信息披露义务人应当披露并核查下列事项:(1)是否存在导致股价严重异常波动的未披露事项;(2)股价是否严重偏离同行业上市公司合理估值;(3)是否存在重大风险事项;(4)其他可能导致股价严重异常波动的事项。值得注意的是,科创板上市规则上暂未明确规定“严重异常波动”的标准,未来不排除通过相关规定进一步明确的可能。

小费阿姨:多谢小钟老师让我对科创板的信息披露制度有了初步的了解,如果有新的问题再来咨询您。

小钟老师:欢迎欢迎,为广大中小投资者服务是我们的职责。投资者朋友也可以经常浏览中国投资者网获取科创板的相关信息,做到对自己的投资负责,正确认识、理性参与。

科创板信息披露知多少（二）

小费阿姨:小钟老师,上次听您讲解了科创板关于信息披露的一些知识,我回去又琢磨了一下,有些问题还想继续向您请教。

小钟老师:好的,小费阿姨。您有什么想要了解的就尽管问。

小费阿姨:是这样的,通过您上次的讲解,我了解到这个科创板将试点注册制,那么信息披露将会是重中之重。同时,我也了解到上海证券交易所制定出台的一系列业务规则中信息披露也是占了大量篇幅,您能具体说一说这些业务规则中都增加了哪些关于信息披露的要求呢?

小钟老师:没有问题,小费阿姨。总结下来,主要是增加了有关行业风险、经营风险、异常波动和传闻澄清、股份质押等方面的要求。下面,我将向您逐一介绍。

首先,根据《上海证券交易所科创板股票上市规则》,上市公司应当主动披露对股票交易价格或者投资者决策有重大影响的行业信息,包括以下方面:

(1)所处行业的基本特点、主要技术门槛,报告期内新技术、新产业、新业态、新模式的发展情况和未来发展趋势;

(2)核心竞争优势、核心经营团队和技术团队的竞争力分析,以及报告期内获得相关权利证书或者批准文件的核心技术储备;

(3)当期研发支出金额及占销售收入的比例、研发支出的构成项目、费用化及资本化的金额及比重;

(4)在研产品或项目的进展或阶段性成果;研发项目预计总投资规模、应用前景以及可能存在的重大风险;

(5)其他有助于投资者决策的行业信息。

小费阿姨:这个十分有必要,科创板集中了科技创新企业,有效的信息披露能够帮助我们投资者紧跟行业动态。

小钟老师:新增内容在经营风险方面也有着严格的信息披露要求。上市公司尚未盈利的,应当在年度报告显著位置披露公司核心竞争力和经营活动面临的重大风险。上市公司应当结合行业特点,充分披露尚未盈利的原因,以及对公司现金流、业务拓展、人才吸引、团队稳定性、研发投入、战略性投入、生产经营可持续性等方面的影响。

小费阿姨：看来要注意的地方还蛮多的，我这学习的劲头十分足，要么您今天接着讲讲关于异常波动和股份质押方面的内容。

小钟老师：没有问题！小费阿姨，我十分乐意为您讲解。在异常波动和传闻澄清方面，当上市公司股票交易出现上交所规定的严重异常波动的，公司或者相关信息披露义务人应当核查以下事项：

（1）是否存在导致股价严重异常波动的未披露事项；

（2）股价是否严重偏离同行业上市公司合理估值；

（3）是否存在重大风险事项；

（4）其他可能导致股价严重异常波动的事项。上市公司应当及时披露核查结果公告，充分提示公司股价严重异常波动的交易风险；存在未披露重大事项的，应当召开投资者说明会。

小费阿姨：进行股票交易，小道消息可听不得，有了这条规定，我们投资者要及时关注上市公司相关的核查结果公告和说明会了。

小钟老师：是的，自己也一定要多多关注。在股份质押方面，当上市公司控股股东及其一致行动人质押股份占其所持股份的比例达到 50% 以上，以及之后质押股份的应及时通知公司并披露相关信息；上市公司控股股东及其一致行动人质押股份占其所持股份的比例达到 50% 以上，且出现债务逾期或其他资信恶化情形的应及时通知公司并披露相关信息；当控股股东及其一致行动人出现质押平仓风险时，应当及时通知上市公司，披露是否可能导致公司控制权发生变更、拟采取的措施，并充分提示风险。控股股东及其一致行动人质押股份被强制平仓或平仓风险解除的，应当持续披露进展；当上市公司持股 5% 以上股东质押股份时，应当在 2 个交易日内通知上市公司，并披露本次质押股份数量、累计质押股份数量以及占公司总股本比例。

此次相关规则结合试点注册制无疑对科创板发行人信息披露做出了更加严格、细致的要求，上市公司和相关信息披露义务人应当及时、公平地披露信息，保证所披露信息的真实、准确、完整，不存在虚假记载、误导性陈述或者重大遗漏。基于如此严格的信息披露要求，相信上市公司、相关信息披露义务人和投资者之间沟通渠道会更加通畅、透明，当发生上述风险及重大事项时，能够通过多种渠道向投资者充分说明，在监管审核工作的基础上也强化了公众的监督效果，从而有效提升科创板上市公司质量，保护投资者利益。

小费阿姨：这些规则制定得详细、全面，条条都是我们投资者权益的保护伞啊，看来我回去得好好消化消化。

小钟老师:是啊,小费阿姨,我今天讲解的内容只是关于科创板信息披露的其中一部分,如果您有新的问题可以随时来找我。或者您也可以浏览中国投资者网站,我们整合了市场上关于科创板比较全面的资讯信息,方便投资者了解、学习。

科创板和创业板的差别在哪里

近期，科创板成为市场焦点，占据了资本市场的“头条”。股市老兵张大叔对科创板很感兴趣，但是不太明白现有的创业板和科创板有哪些差别，于是找到了投服中心的小钟老师为他解答疑惑。

张大叔：小钟老师，最近科创板很火热，那么请问科创板和创业板除了投资者准入条件不一样，还有其他什么区别吗？

小钟老师：张大叔，科创板和创业板有很大差别，在交易数量、交易机制、涨跌幅限制、公司上市门槛、审批制度、上市定价、减持制度、配售制度、退市制度等方面都存在差异。

张大叔：有这么多有差异的地方呢，交易数量也有差异吗？

小钟老师：是的，创业板的交易数量为 100 股或其整数倍，单笔申报最大数量应当不超过 100 万股。科创板的单笔申报数量应当不小于 200 股，可按 1 股为单位进行递增，限价申报最大不超过 10 万股，市价申报最大不超过 5 万股。

张大叔：那交易机制和涨跌幅限制呢？是不是涨跌幅不设限制了？

小钟老师：张大叔，你这只说对了一小半。科创板的上市公司在上市后的前 5 个交易日不设涨跌幅限制，之后还是有限制的，限制为涨跌幅 20%。相比较创业板涨跌幅 10% 以及上市首日申报价格不能高于发行价格的 144% 的限制，幅度还是放宽了。另外，科创板沿用了 T + 1 的交易机制，但新增了盘后固定价格交易。

张大叔：盘后固定价格交易就是竞价交易结束后，按照收盘价买卖股票的交易方式，我理解的没错吧？

小钟老师：没错，在竞价交易结束后，上海证券交易所交易系统会按照时间优先顺序对收盘定价申报进行撮合，撮合成功的申报将以收盘价成交。若收盘价高于收盘定价买入申报指令的限价，则该笔买入申报无效；若收盘价低于收盘定价卖出申报指令的限价，则该笔卖出申报无效。

举个例子，假设您通过收盘定价委托，申报以 10 元的价格买入某股票。若当天收盘价为 9 元，您的申报就是有效的，若按照时间顺序您的申报被成功撮合，您将以 9 元的价格成交；若当天收盘价为 11 元，您的申报就是无效申报。反之亦然。

张大叔:明白了。关于询价定价方式我还有点不解,既然全面采用市场化的询价定价方式,为何个人投资者不能参与呢?

小钟老师:创业板的新股发行价可以通过向网下投资者询价的方式确定,也可以通过发行人与主承销商自主协商直接定价等其他合法可行的方式确定。其发行价格要参考该公司所属行业最近1个月的静态平均市盈率。科创板的新股发行价取消了直接定价的方式,而且不受行业和市盈率的限定,须通过向证券公司、基金管理公司、信托公司、财务公司、保险公司、合格境外机构投资者和私募基金管理人等专业机构投资者询价的方式确定。相比之下,科创板的定价方式更市场化。机构投资者具备丰富的投资经验和良好的定价能力,将询价范围锁定在机构投资者,也是对中小投资者的保护。

张大叔:您这么一说,我就理解了。另外,科创板保留了"网上+网下"的配售机制,对我们散户有变化吗?

小钟老师:科创板虽然保留了"网上+网下"的配售机制,但网上配售的比例比以前低了。网下初始发行比例调高了10%,并降低了网下初始发行量向网上回拨的力度,回拨后网下发行比例将不少于60%。另外,符合条件的个人投资者可以参加创业板上市公司的网下配售,但个人投资者不能参与科创板上市公司的网下配售。

张大叔:也就是说,分配给我们小散户的总量更少了。

小钟老师:比例虽然少了,但这样的制度设计是为了保护中小投资者。设置60%的最低比例,是为了强化网下机构投资者报价约束,引导各类投资者理性参与新股发行的询价定价环节。另外,明确回拨后网下发行比例不超过80%,这也保障了网上投资者的申购比例。

张大叔:您这么说也对。谢谢您了,小钟老师。

小钟老师:不用客气,欢迎您随时咨询。或者您也可以浏览中国投资者网站,我们整合了市场上关于科创板比较全面的资讯信息,方便您了解、学习。

科创板特别表决权知多少

一、特别表决权是什么、对投资者有何影响

科创板允许发行人在普通股份以外，发行特别表决权股份，前者遵循“同股同权”的原则，后者一股却至多拥有10倍表决权。其结果是，特别表决权股份持有人即便持股很少，也能实现对上市公司的绝对控制。特别表决权对A股是新鲜事物，突破了市场多年来“同股同权”的基本框架，可能对中小投资者权益保护产生深远影响，需要投资者重点关注。

二、特别表决权制度的起源和发展

海外市场将“特别表决权制度”称为“双重股权结构”，通俗地讲，就是“同股不同权”。这一制度最早流行于20世纪初期的美国，直到20世纪20年代美国学术界对这一制度的猛烈批判，导致美国主流交易所（如纽约证券交易所）在1926年至1980年基本禁止了有特别表决权安排的企业上市。20世纪80年代敌意并购浪潮的到来，使公司出于抵御敌意并购的需要，纷纷要求采用“双重股权结构”。在此压力下，多家交易所互相竞争，纷纷降低门槛，纽交所终于也在1984年做出改变，重新允许“同股不同权”企业上市。2004年谷歌上市采用“双重股权结构”，其后上市的高科技公司纷纷效仿。2018年中国香港特别行政区、新加坡先后允许“双重股权结构”企业上市，尤其是中国香港市场时隔近30年后对这一制度重新敞开大门，引起了新兴市场的普遍关注。

三、为什么科创板允许企业发行特别表决权股份

科创企业有其自身的成长路径和发展规律。公司治理上，存在表决权差异安排等特殊方式。因此，需要构建更加科学合理的上市指标体系，满足不同模式类型、不同发展阶段、不同财务特征，但已经拥有相关核心技术、市场认可度高的科创企业上市需求。基于上述考虑，《上海证券交易所科创板股票上市规则》制度设计大幅提升了上市条件的包容度和适应性。在非财务条件方面，允许存在表决权差异安排等特殊治理结构的企业上市，并予以必要的规范约束。

四、科创板对特别表决权有哪些制度约束

《上海证券交易所科创板股票上市规则》对如何合理设置差异化表决权,进行了必要的规范。一是设置更为严格的前提条件。主要包括发行人作出的表决权差异安排必须经出席股东大会的股东所持2/3以上表决权通过;表决权差异安排在上市前至少稳定运行1个完整会计年度;发行人须具有相对较高的市值规模。二是限制拥有特别表决权的主体资格和后续变动。主要包括相关股东应当对公司发展或者业绩增长做出重大贡献,并且在公司上市前及上市后持续担任公司董事;特别表决权股份不得在二级市场进行交易;持有人不符合主体资格或者特别表决权一经转让即永久转换为普通股份;不得提高特别表决权的既定比例。三是保障普通投票权股东的合法权利。主要包括除表决权数量外其他股东权利相同,普通股份表决权应当达到最低比例,召开股东大会和提出股东大会议案所需持股比例及计算方式,重大事项上限制特别表决权的行使。四是强化内外部监督机制。主要包括要求公司充分披露表决权差异安排的实施和变化情况,监事会对表决权差异安排的设置和运行出具专项意见,禁止滥用特别表决权。

五、投资者如何应对滥用特别表决权的侵权行为

投资者首先要学习科创板制度规则,了解哪些规则跟A股现行规则有差异,充分认识投资“同股不同权”公司面临的风险,全面掌握法律赋予的股东权利;在买入科创板公司股票后,当自身合法权益受到侵害时,要积极行使知情权、质询权、建议权、表决权、诉讼权等股东权利,做到“全面知权、积极行权、依法维权”。

图书在版编目(CIP)数据

投资者权益知识读本. 2019年 / 郭文英主编. -- 北京 : 法律出版社, 2019
ISBN 978-7-5197-3702-3

Ⅰ. ①投… Ⅱ. ①郭… Ⅲ. ①投资-经济法-基本知识-中国 Ⅳ. ①D922.29

中国版本图书馆CIP数据核字(2019)第160415号

投资者权益知识读本(2019年)
TOUZIZHE QUANYI ZHISHI DUBEN (2019 NIAN)

郭文英 主编

策划编辑 陈 妮
责任编辑 陈 妮
装帧设计 李 瞻

出版 法律出版社
总发行 中国法律图书有限公司
经销 新华书店
印刷 固安华明印业有限公司
责任校对 马 丽
责任印制 吕亚莉

编辑统筹 法治与经济出版分社
开本 787毫米×1092毫米 1/16
印张 12.75
字数 220千
版本 2019年8月第1版
印次 2019年8月第1次印刷

法律出版社/北京市丰台区莲花池西里7号(100073)
网址/www.lawpress.com.cn
投稿邮箱/info@lawpress.com.cn
举报维权邮箱/jbwq@lawpress.com.cn
销售热线/400-660-8393
咨询电话/010-63939796

中国法律图书有限公司/北京市丰台区莲花池西里7号(100073)
全国各地中法图分、子公司销售电话:
统一销售客服/400-660-8393/6393
第一法律书店/010-83938432/8433
西安分公司/029-85330678
重庆分公司/023-67453036
上海分公司/021-62071639/1636
深圳分公司/0755-83072995

书号:ISBN 978-7-5197-3702-3
定价:66.00元
(如有缺页或倒装,中国法律图书有限公司负责退换)